AF389876

DIALOGUES CLASSIQUES

FRANÇAIS-ALLEMANDS

A LA MÊME LIBRAIRIE

OUVRAGES DE M. ADLER-MESNARD

Professeur de langue allemande au lycée Napoléon.

COURS COMPLET DE LANGUE ALLEMANDE

Grammaire allemande, rédigée d'après un plan entièrement nouveau et conformément aux derniers programmes officiels. Nouvelle édition. 1 vol. in-12. Prix, cartonné............ 2 »

Ouvrage autorisé par S. Exc. le Ministre de l'Instruction publique.

Versions et thèmes écrits et parlés, appliqués aux règles de la Grammaire et accompagnés d'un vocabulaire :

1re Partie : *Exercices préliminaires*, 1re division. 1 vol. in-12. » 75

    —   *Exercices préliminaires*, 2e division. 1 vol. in-12. 1, »

2e Partie : *Exercices du second degré*. 1 vol. in-12. cart.... 2 »

(Dans ces ouvrages l'accent tonique et la quantité des syllabes sont marqués typographiquement.)

Dialogues classiques français-allemands. 1 vol. in-12. Prix, cart...................................... 1 50

La littérature allemande au XIXe siècle; morceaux choisis des auteurs allemands les plus distingués de cette époque :

1re Partie : *Prose*, précédée d'un Résumé de l'histoire de la littérature allemande depuis son origine jusqu'à nos jours. 1 fort vol. in-12 de près de 500 pages. Prix, broché.................. 3 50

2e Partie : *Poésie*, précédée d'un traité de prosodie allemande. 1 vol. in-12. Prix, broché............................. 3 50

Ouvrage autorisé par S. Exc. le Ministre de l'Instruction publique.

COURS ABRÉGÉ DE LANGUE ALLEMANDE

Petite Grammaire allemande, principalement à l'usage des commençants dans les cours de français. 1 vol. in-12. Prix, cartonné.. 1 »

Versions et thèmes écrits et parlés :

—*Exercices préliminaires*, 1re division. 1 vol. in-12, cartonné. » 75

    —   —   2e division. 1 vol. in-12, cartonné. 1 »

(Ces deux ouvrages d'*Exercices préliminaires* sont les mêmes que dans le Cours complet.)

Petit cours de versions, appliquées aux règles de la grammaire et suivies d'un vocabulaire spécial. 1 vol. in-12. Prix, cartonné .... » 75

(Dans ces ouvrages, l'accent tonique et la quantité des syllabes sont marqués typographiquement.)

DIALOGUES CLASSIQUES

FRANÇAIS-ALLEMANDS

OUVRAGE SPÉCIALEMENT COMPOSÉ POUR LES ÉLÈVES DES LYCÉES ET DES COLLÉGES

PAR

M. ADLER MESNARD

MAITRE DE CONFÉRENCES A L'ÉCOLE NORMALE SUPÉRIEURE
PROFESSEUR AGRÉGÉ AU LYCÉE NAPOLÉON
MEMBRE DE L'ACADÉMIE ALLEMANDE DE BERLIN

Non scholæ sed vitæ discimus

QUATRIÈME ÉDITION REVUE ET CORRIGÉE

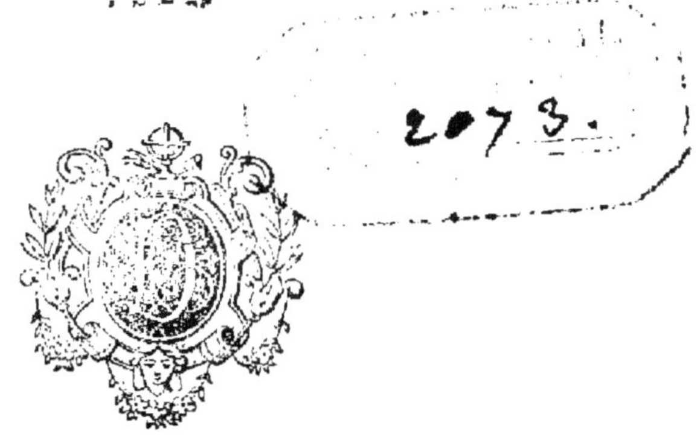

PARIS

CH. DELAGRAVE ET Cⁱᵉ, LIBRAIRES
58, RUE DES ÉCOLES, 58

1872

AVIS DES ÉDITEURS

Le nombre des *Manuels de la conversation* est si considérable, qu'en publiant les *Dialogues classiques* de M. Adler Mesnard, nous croyons devoir indiquer la différence qui distingue son travail des ouvrages de ses devanciers.

Les Manuels existants s'adressent à tout le monde, c'est-à-dire à personne en particulier : de là ces conversations avec des marchandes de modes, avec des couturières en robes, avec des carrossiers, des bijoutiers, etc. Nous sommes loin de vouloir contester l'utilité de semblables dialogues dans certains cas ; mais il faut autre chose aux élèves de nos établissements d'instruction publique. Nos collégiens n'apprennent pas l'allemand pour parvenir à dire dans cette langue quelques phrases banales sur la pluie et le beau temps, ou pour pouvoir nommer les différentes parties d'une roue ; ils doivent tirer de leurs études allemandes un avantage plus sérieux : celui de comprendre les ouvrages qui leur offrent un intérêt particulier, et d'être en état de pouvoir causer science et littérature avec des étrangers.

Voici la marche qu'a suivie M. Adler Mesnard pour arriver a ce résultat.

Après quelques-uns de ces dialogues usuels qui se trouvent forcément dans un ouvrage de ce genre, le savant professeur entre en classe avec l'élève, assiste avec lui aux différents cours qui se font au lycée, et lui apprend les termes les plus importants de chaque science, de chaque art. Quelle que soit la

prédilection de l'élève, ces *Dialogues classiques* lui permettent, par l'abondance des matières qu'ils lui fournissent, de satisfaire sa légitime curiosité. Pour s'en convaincre, on n'a qu'à jeter un coup d'œil sur la Table des Matières.

Un élève qui possède la terminologie de la géométrie, de la botanique, de la grammaire, etc., doit comprendre assez facilement une question de l'une de ces sciences, traitée soit dans un livre, soit de vive voix. Tel est le but que s'est proposé M. Adler Mesnard. Il ne charge pas la mémoire de l'élève avec des phrases vides de sens ; il s'efforce, au contraire, de l'amener à la connaissance approfondie d'un idiome qui est la clef de toutes les autres littératures, puisqu'il ne paraît rien de remarquable, en quelque langue que ce soit, que les Allemands ne le traduisent sur-le-champ.

Nous espérons que messieurs les professeurs apprécieront tout le parti qu'ils peuvent tirer d'un livre qui est un vrai progrès dans l'enseignement, et qu'ils voudront bien lui faire un bienveillant accueil.

DIALOGUES CLASSIQUES

PHRASES USUELLES.

Die gebräuchlichsten Redensarten.

1. POUR DEMANDER, PRIER.	1. UM ZU FRAGEN, ZU BITTEN.
Dites-moi, s'il vous plait…	Sagen Sie mir gefälligst…
Voulez-vous bien avoir la bonté de me dire…	Hätten Sie wohl die Güte, mir zu sagen…
Que voulez-vous?	Was wollen Sie?
Que désirez-vous?	Was wünschen Sie?
J'ai quelque chose à vous dire, à vous communiquer.	Ich habe Ihnen etwas zu sagen, mitzutheilen.
Je n'ai pas l'honneur de vous connaître.	Ich habe nicht die Ehre, Sie zu kennen.
Qui êtes-vous?	Wer sind Sie?
A qui ai-je l'honneur de parler?	Mit wem habe ich die Ehre zu sprechen?
Je m'appelle A.	Ich heiße A.
Vous venez d'Allemagne?	Sie kommen aus Deutschland?
Oui, Monsieur.	Ja wohl.
Me comprenez-vous?	Verstehen Sie mich?
Je ne vous ai pas compris.	Ich habe Sie nicht verstanden.
Vous parlez trop vite.	Sie sprechen zu schnell.
Vous ne parlez pas assez haut.	Sie sprechen nicht laut genug.
Parlez plus lentement.	Sprechen Sie langsamer.
Pourquoi ne répondez-vous pas?	Warum antworten Sie nicht?
Je ne sais pas comment cela se dit en français, en allemand.	Ich weiß nicht, wie man das auf französisch, auf deutsch sagt.
Plaît-il?	Was (wie) beliebt?
Que voulez-vous dire?	Was wollen Sie sagen?
J'ai une prière à vous faire.	Ich habe eine Bitte an Sie.
Vous m'obligeriez beaucoup, infiniment.	Sie würden mich sehr, unendlich verbinden.
Vous seriez bien aimable.	Das wäre sehr freundlich von Ihnen.
Vous me rendriez un grand service.	Sie würden mir einen großen Dienst erweisen (leisten).

Aurez-vous cette bonté? — Wollen Sie so gut sein?

Faites-moi le plaisir d'en parler à Monsieur A. — Thun Sie mir den Gefallen, und sprechen Sie mit Herrn A. darüber.

2. POUR ACCORDER. — 2. UM EINZUWILLIGEN.

Avec grand plaisir. — Mit vielem Vergnügen.

Bien volontiers. — Sehr gern.

Soit! — Meinetwegen!

Oui, certainement. — Ja gewiß.

De tout mon cœur. — Von ganzem Herzen.

Je le veux bien. — Ich will es gern thun.

J'y consens. — Ich willige ein.

Qui ne dit mot consent. — Wer still schweigt, willigt ein.

Je ferai mon possible. — Ich werde mein Möglichstes thun.

Comptez sur moi. — Verlassen Sie sich auf mich.

Vous pouvez y compter. — Sie können darauf rechnen (zählen).

Je suis charmé de pouvoir vous être utile. — Es freut mich, Ihnen dienen zu können.

Je suis à vos ordres. — Ich stehe zu Ihrem Befehl.

3. POUR REMERCIER. — 3. UM ZU DANKEN.

Merci. — Danke.

Merci bien. — Danke schön.

Grand merci. — Großen Dank.

Je vous remercie. — Ich danke Ihnen.

Vous avez bien de la bonté. — Sie sind sehr gütig.

Vous avez trop de bonté. — Sie sind allzu gütig (gar zu gütig).

Je vous suis infiniment obligé. — Ich bin Ihnen unendlich verbunden.

Vous m'avez rendu un grand service. — Sie haben mir einen großen Dienst geleistet.

Cela ne vaut pas la peine d'en parler. — Es ist nicht der Rede werth.

Je suis enchanté d'avoir pu vous être agréable. — Es freut mich unendlich, Ihnen nützlich gewesen zu sein.

Je n'oublierai jamais ce que vous avez fait pour moi. — Ich werde nie vergessen, was Sie für mich gethan haben.

C'est à charge de revanche. — Ich hoffe, es Ihnen wieder vergelten zu können.

4. POUR REFUSER. — 4. UM ZU VERWEIGERN.

Non, c'est impossible. — Nein, das ist unmöglich.

Cela ne se peut pas. — Das kann nicht sein.

Cela est de toute impossibilité.	Das ist schlechterdings unmöglich.
Cela ne dépend pas de moi.	Das hängt nicht von mir ab.
Cela ne me regarde pas.	Das geht mich nichts an.
Je n'en ferai rien.	Das werde ich bleiben lassen.
Je m'en garderai bien.	Ich werde mich wohl davor hüten.
Excusez-moi.	Entschuldigen Sie mich.
Prenez la volonté pour le fait.	Nehmen Sie mit dem guten Willen vorlieb.
Ne m'en veuillez pas pour cela.	Seien Sie deßhalb nicht böse auf mich.
Je suis vraiment désolé de vous refuser.	Es thut mir wirklich sehr leid, es Ihnen abschlagen zu müssen.
Je suis au désespoir de ne pouvoir remplir vos désirs.	Es thut mir außerordentlich leid, daß ich Ihre Wünsche nicht erfüllen kann.

5. POUR AFFIRMER.

5. UM ZU BEJAHEN.

Certainement.	Gewiß.
Très-certainement.	Ganz gewiß.
Cela est vrai.	Das ist wahr.
C'est la pure vérité.	Es ist die reine Wahrheit.
Je vous en donne ma parole d'honneur.	Ich gebe Ihnen mein Ehrenwort darauf.
Foi d'honnête homme.	So wahr ich ehrlich bin.
Oui, j'en suis sûr.	Ja, ich bin dessen gewiß.
Vous pouvez m'en croire.	Sie können es mir glauben.
Je puis vous le certifier.	Ich kann es Ihnen bezeugen.
Je vous assure qu'il en est ainsi.	Ich versichere Ihnen, daß dem so ist.
Je vous en réponds.	Ich stehe Ihnen dafür.
Je réponds des suites.	Ich stehe für die Folgen ein.
C'est un fait.	Das ist eine ausgemachte Sache.

6. POUR NIER.

6. UM ZU VERNEINEN.

Non, cela n'est pas vrai.	Nein, das ist nicht wahr.
J'ai de la peine à vous croire.	Es fällt mir schwer, Ihnen zu glauben.
Il n'en est rien.	Es ist nicht an dem.
Vous vous trompez.	Sie irren sich.
Vous êtes dans l'erreur.	Sie sind im Irrthum.
Vous voulez rire.	Sie scherzen.
Vous vous moquez.	Sie wollen sich lustig machen.
Je n'en crois rien.	Ich glaube es nicht.
Cela est incroyable.	Das ist unglaublich.
Vous voulez m'en faire accroire.	Sie wollen mir etwas aufbinden.
Je n'y comprends rien.	Das will mir nicht in den Kopf.
Cela me passe.	Das geht über meinen Horizont.

7. LE DOUTE.	7. DER ZWEIFEL.
Je doute que cela soit vrai.	Ich zweifle, daß es wahr sei.
Vraiment?	Wirklich?
Cela se peut-il?	Ist es möglich?
Serait-il possible?	Wäre es möglich?
En êtes-vous bien sûr?	Sind Sie dessen ganz gewiß?
Que faire?	Was (ist zu) thun?
Je suis d'avis que...	Ich dächte, daß...
Il faut prendre un parti.	Wir müssen einen Entschluß fassen.
Parlez-vous sérieusement?	Sprechen Sie im Ernst?
J'en doute.	Ich zweifle daran.
Il y a anguille sous roche.	Es steckt etwas dahinter.
Cela n'est pas probable.	Das ist nicht wahrscheinlich.
Ce serait inouï.	Das wäre unerhört.
Vous m'étonnez.	Sie setzen mich in Erstaunen.
Cela m'étonnerait bien.	Das sollte mich sehr wundern.

8. LA SURPRISE, L'ADMIRATION.	8. DAS ERSTAUNEN, DIE BEWUNDERUNG.
A merveille!	Vortrefflich!
A Dieu ne plaise!	Da sei Gott vor!
Voilà qui me surprend.	Das nimmt mich Wunder.
C'est charmant.	Das ist allerliebst.
Peut-on voir rien de plus beau!	Kann man etwas Schöneres sehen?
C'est de toute beauté.	Es ist reizend schön.
C'est étonnant.	Das ist zum Erstaunen.
Quel magnifique spectacle!	Welch herrliches Schauspiel!
Je n'ose en croire mes yeux.	Ich traue meinen Augen nicht.
J'en suis ravi.	Ich bin ganz hingerissen.
Voilà qui est beau!	Das nenne ich schön!

9. LA JOIE.	9. DIE FREUDE.
Quelle joie!	Welche Freude!
Quel plaisir!	Welch Vergnügen!
Que je suis content!	Wie froh bin ich!
J'en suis charmé.	Das freut mich unaussprechlich.
Cela me fait le plus grand plaisir.	Das macht mir das größte Vergnügen.
Je vous félicite de tout mon cœur.	Ich wünsche Ihnen von ganzem Herzen Glück.
Je vous fais mon compliment.	Ich gratulire Ihnen.

10. L'AFFLICTION.

Cela est bien triste.
Quel malheur !
J'en suis inconsolable.
Quel dommage !
J'ai bien du chagrin.
Que je suis malheureux !
Je suis au désespoir.
Un malheur ne vient jamais seul.

10. DIE BETRUEBNISS.

Das ist recht traurig.
Welch ein Unglück!
Ich bin untröstlich darüber.
Wie schade!
Ich bin tief betrübt.
Wie unglücklich bin ich!
Ich bin der Verzweiflung nahe.
Ein Unglück kommt selten (niemals)
   allein.

11. LA COLÈRE.

N'êtes-vous pas honteux ?
Vous devriez être honteux.
Vous avez mal agi envers moi.
Fi ! c'est honteux.
Vous êtes inexcusable.
Silence !
Taisez-vous !
Pas de raisonnements !
Retirez-vous de devant mes yeux !
Ma patience est à bout.
Je ne me possède pas de colère.

11. DER ZORN.

Schämen Sie sich nicht ?
Sie sollten sich schämen.
Sie haben schlecht an mir gehandelt.
Pfui ! das ist schäublich.
Sie sind nicht zu entschuldigen.
Still !
Halten Sie den Mund (das Maul)!
Nicht räsonnirt!
Gehen Sie mir aus den Augen!
Meine Geduld ist zu Ende.
Ich bin vor Zorn außer mir.

12. LES COMPLIMENTS.

Trêve de compliments!
Ne faites pas de cérémonies.
Mes compliments à Monsieur, à
   Madame ***.
Permettez-moi de vous présenter
   mes compliments.
Présentez mes respects à Ma-
   dame ***.
J'ai l'honneur de vous saluer.
Quand pourrai-je vous rendre
   mes devoirs ?
Mes compliments chez vous.
Rengainez vos compliments.

Les compliments sont une mon-
   naie qui a plus de cours que
   de valeur.

12. DIE COMPLIMENTE.

Lassen wir die Complimente!
Machen Sie keine Umstände.
Meine Empfehlungen an Herrn, an
   Frau ***.
Erlauben Sie mir, Ihnen mein Com-
   pliment zu machen.
Versichern Sie Frau *** meiner Hoch-
   achtung.   [mich Ihnen.
Ergebenster Diener, ou Ich empfehle
Wann kann ich Ihnen meine Aufwar-
   tung machen?
Grüßen Sie schön zu Hause.
Stecken Sie Ihre Complimente nur
   wieder ein.
Die Complimente sind eine Münze,
   deren Curs über dem Werth steht.

DIALOGUES.

Gespräche.

<table>
<tr><td>

1. UNE RENCONTRE, UNE VISITE.

A. Bonjour, Monsieur.

B. Comment vous portez-vous?

A. Je vous remercie, je me porte bien. Et vous, Monsieur, comment va votre santé?

B. Fort bien, Dieu merci.

A. Il y a bien longtemps que je n'ai eu le plaisir de vous voir chez moi.

B. Je ne sors que fort rarement.

A. Quand viendrez-vous me voir? Dimanche prochain, ou peut-être lundi : au moins dans le courant de la semaine.

A. Le matin ou l'après-midi?

B. J'aurai l'honneur de me présenter chez vous l'après-midi.

A. Je vous attendrai donc.

B. A propos, où demeurez-vous maintenant? Je sais que vous avez changé de logement depuis peu, mais je ne connais pas votre nouvelle adresse.

A. Rue d'Ulm, n° 24 : je reste au premier au-dessus de l'entre-sol.

B. Adieu, je vous salue.

—

C. Bonsoir, mon cher ami, où allez-vous si vite?

D. Je m'en vais chez moi.

C. Et d'où venez-vous?

</td><td>

1. EINE ZUFÆLLIGE BEGEGNUNG, EIN BESUCH.

A. Guten Tag, mein Herr[1].

B. Wie befinden Sie sich?

A. Ich danke Ihnen, ich befinde mich wohl. Und wie steht es mit Ihrer Gesundheit?

B. Sehr gut, Gott sei Dank.

A. Ich habe lange nicht das Vergnügen gehabt, Sie bei mir zu sehen.

B. Ich gehe höchst selten aus.

A. Wann wollen Sie mich besuchen?

B. Nächsten Sonntag, oder vielleicht Montag; wenigstens im Lauf der Woche.

A. Vormittags oder Nachmittags?

B. Ich werde die Ehre haben, mich Nachmittags bei Ihnen einzufinden.

A. Ich werde Sie also erwarten.

B. Was ich sagen wollte, wo wohnen Sie jetzt? Ich weiß, daß Sie unlängst Ihre Wohnung verändert haben, aber ich kenne Ihre neue Adresse nicht.

A. In der Ulmerstraße No 24; ich wohne im ersten Stock über dem Entresol.

B. Leben Sie wohl, ich empfehle mich Ihnen.

—

C. Guten Abend, lieber Freund; wohin so schnell?

D. Ich gehe nach Hause.

C. Und wo kommen Sie her?

</td></tr>
</table>

1. Les Allemands sont dans l'usage de joindre au mot Herr (sans le faire précéder de mein) le titre ou, à défaut, le nom de la personne à laquelle ils s'adressent. Mein Herr et Madame ne s'emploient ordinairement que lorsqu'on parle à des personnes dont on ignore le titre et le nom. En français, nous employons à chaque instant les mots *monsieur* et *madame;* les Allemands s'en servent beaucoup moins.

D. Je viens du cabinet de lecture.

C. Qu'y a-t-il de nouveau?

D. Pas grand' chose: ça ne vaut guère la peine d'en parler.

C. N'avez-vous pas lu le journal?

D. Oui, je l'ai lu.

C. Eh bien! que dit-il de la guerre? quelles nouvelles?

D. Aucune; si ce n'est quelques faits insignifiants. Mais vous me faites causer, et je suis très-pressé. Il faut que je vous quitte. Au revoir.

C. Je pense que nous nous reverrons ce soir chez Monsieur A.

D. Peut-être: si j'y viens, j'y viendrai sur les sept heures.

—

E. Ah! Monsieur, que je suis heureux de vous rencontrer: j'allais chez vous.

F. J'aurais été désespéré de vous avoir fait faire inutilement une si longue course: car vous demeurez loin de chez moi. C'est peut-être pour cela que je ne vous vois plus que fort rarement.

E. Vous me pardonnerez, Monsieur: mais en ce moment je suis occupé d'un travail si pressant que je n'ai plus une minute à moi.

F. Vous tiendra-t-il encore longtemps?

E. Non, Monsieur: je compte en être bientôt débarrassé, et alors, je vous le promets, je réparerai ma négligence.

F. Vous me ferez le plus grand plaisir, et j'attends de vous de nombreuses visites. Mon père était fort en peine de vous. Il

D. Aus dem Lese-Cabinet.

C. Was gibt es neues?

D. Nichts besonders; es ist nicht der Mühe werth, davon zu sprechen.

C. Haben Sie nicht die Zeitung gelesen?

D. Doch, ich habe sie gelesen.

C. Nun, was sagt sie vom Kriege? was für Neuigkeiten?

D. Keine; einige unbedeutende Ereignisse abgerechnet. Aber ich verplaudere die Zeit, und habe Eile. Ich muß Sie verlassen. Auf Wiedersehn.

C. Ich denke, wir sehen uns heute Abend bei Herrn A. wieder.

D. Vielleicht; wenn ich hin komme, so komme ich gegen sieben.

—

C. Es freut mich sehr Sie anzutreffen, eben wollte ich zu Ihnen.

F. Es sollte mir sehr leid gethan haben, wenn Sie einen so langen Weg umsonst gemacht hätten, denn Sie wohnen sehr weit von mir. Vielleicht sind deßhalb Ihre Besuche so selten?

C. Sie müssen mir verzeihen; ich bin in diesem Augenblick mit einer so dringenden Arbeit beschäftigt, daß ich keine Minute übrig habe.

F. Wird sie Ihre Zeit noch lange in Anspruch nehmen?

C. Nein, ich denke bald damit fertig zu sein, und dann verspreche ich Ihnen, meine Nachlässigkeit wieder gut zu machen.

F. Es wird mir zur größten Freude gereichen, und ich hoffe, daß Sie mich recht oft besuchen werden. Mein Vater war Ihretwegen schon in Sor-

craignait que vous ne fussiez malade. Nous allions envoyer chez vous.

E. Je vous remercie de cette sollicitude. Mais, Dieu merci, je n'ai point été malade. Je me porte à merveille depuis la grande maladie que j'ai faite il y a quatre ans.

F. Tant mieux! Puisque nous voilà ensemble, ne voulez-vous pas venir avec moi voir M. N.? Vous le connaissez assez intimement, je crois. C'est un grand ami de Monsieur votre oncle.

E. Volontiers, Monsieur; vous ne pouvez me faire une proposition plus agréable.

F. D'ailleurs M. N. pourra vous donner des nouvelles de votre ami de collége, M. B. Il a fait dernièrement un petit voyage, et a dû le voir en passant par Tours.

E. Une ville charmante, je crois.

F. Oui, Monsieur : mais ne perdons pas de temps. Il commence à se faire tard.

E. Vous avez raison. Menez-moi chez cette personne. Je vous en serai infiniment obligé.

—

G. Je vous salue, Monsieur.

H. Ah! vous voilà enfin. Que j'ai de plaisir à vous voir. Vraiment je vous attendais avec une grande impatience.

G. Vous me pardonnerez. Je ne pouvais venir plus tôt pour plusieurs motifs.

H. Asseyez-vous, s'il vous plait.

G. Comment se porte M. votre père ?

H. Il se porte mieux aujourd'hui

gen. Er fürchtete, daß Sie krank wären. Wir wollten schon zu Ihnen schicken.

E. Ich danke Ihnen für Ihre freundliche Besorgniß, allein ich bin Gottlob nicht krank gewesen. Seit der schweren Krankheit, die ich vor vier Jahren hatte, befinde ich mich sehr wohl.

F. Desto besser. Da wir nun einmal beisammen sind, wollen Sie nicht Herrn N. mit mir besuchen? Ich denke, Sie kennen ihn ziemlich genau. Er ist ein vertrauter Freund Ihres Herrn Onkels.

E. Mit Vergnügen; Sie können mir keinen angenehmeren Vorschlag machen.

F. Uebrigens kann Herr N. Ihnen Nachrichten von Ihrem Schulfreunde B. mittheilen. Er hat neulich eine kleine Reise gemacht, und hat ihn gewiß bei seiner Durchreise durch Tours aufgesucht.

E. Eine reizende Stadt; nicht wahr?

F. Ja wohl; aber wir wollen keine Zeit verlieren. Es fängt an, spät zu werden.

E. Sie haben Recht. Führen Sie mich zu Herrn N. Sie werden mich unendlich verbinden.

—

G. Ergebenster Diener, Herr H.

H. Kommen Sie endlich einmal! Ich freue mich recht, Sie zu sehen. Ich habe mit wahrer Sehnsucht auf Sie gewartet.

G. Entschuldigen Sie; ich konnte aus mehreren Gründen nicht früher kommen.

H. Bitte, setzen Sie sich.

G. Wie befindet sich Ihr Herr Vater ?

H. Er befindet sich heute besser als

qu'hier. Je ne doute pas que dans peu il ne soit entièrement rétabli.

G. J'en suis charmé. Je vous prie de l'assurer de mes très-humbles respects.

H. Je vous remercie : je n'y manquerai pas.

G. J'ai vu avant-hier M. A. Il m'a beaucoup parlé de vous et de Monsieur votre père. Il vous a connu, m'a-t-il dit, dans un voyage qu'il a fait dans le midi de la France. Il m'a chargé de le rappeler à votre souvenir, et de vous présenter ses compliments.

H. Je suis fort sensible à cette attention de sa part. Du reste je ne l'ai jamais oublié. Il est d'un commerce si agréable! Il a tant d'esprit! Je reporterai à mon père la part de compliments qui lui revient. — On m'a dit que M. F. avait donné un bal fort brillant. Y étiez-vous?

G. Oui, j'ai reçu une invitation et j'y suis allé. J'aime passionnément la danse.

H. Vous y êtes-vous bien diverti?

G. Passablement.

H. A quelle heure êtes-vous rentré chez vous ?

G. A onze heures et demie. Il faisait un superbe clair de lune, mais le froid était glacial. Aussi y ai-je gagné un bon rhume.

H. Bon, ce n'est rien. Quelques tasses de tisane vous guériront.

G. Je n'en sais trop rien. (REMY.)

---

gestern. In einigen Tagen wird er gewiß wieder ganz gesund sein.

G. Das freut mich sehr. Ich bitte Sie, ihn meiner ganzen Ergebenheit zu versichern.

H. Ich danke Ihnen; ich werde nicht ermangeln.

G. Vorgestern habe ich Herrn A. gesehen. Er sprach lange von Ihnen und Ihrem Herrn Vater. Er sagte mir, er habe Ihre beiderseitige Bekanntschaft auf einer Reise im mittäglichen Frankreich gemacht, und trug mir Grüße und Empfehlungen an Sie auf.

H. Meinen herzlichsten Dank für seine Aufmerksamkeit. Ich habe ihn meinerseits nicht vergessen. Sein Umgang ist so angenehm und geistreich! Ich werde seine Grüße an meinen Vater bestellen. — Man sagt mir, daß Herr F. einen glänzenden Ball gegeben hat. Waren Sie da?

G. Ja, ich habe eine Einladung erhalten und bin hin gegangen. Ich bin ein leidenschaftlicher Tänzer.

H. Haben Sie sich gut unterhalten?

G. So ziemlich.

H. Um wie viel Uhr sind Sie nach Hause gegangen?

G. Um halb zwölf. Es war ein herrlicher Mondschein, aber eiskalt. Ich habe mich dabei gehörig erkältet.

H. Das hat nichts auf sich. Einige Tassen Tisane werden Sie wieder gesund machen.

G. Das ist noch die Frage.

LA TOILETTE.	DIE TOILETTE.
Le Lever.	*Das Aufstehen.*

Le maître. Jean, donnez-moi mes chaussettes.

Le Domestique. Monsieur, je vous apporte vos bas de laine; il fait froid ce matin.

M. Ces bas sont difficiles à mettre.

— Les jarretières me font mal.

— Quelle chemise m'avez-vous apprêtée?

D. Une chemise à petits plis.

M. Le col n'est pas bien empesé.

— Donnez-moi un faux-col.

D. Quel pantalon Monsieur portera-t-il aujourd'hui?

M. Donnez-moi mon pantalon gris.

— Qu'il est difficile à boutonner!

— Les boutonnières sont trop étroites.

— Ce pantalon ne tombe pas élégamment.

— La coupe n'en est pas gracieuse.

— Il me va mieux avec des sous-pieds.

D. Monsieur n'a pas assez monté ses bretelles.

M. Où donc ai-je laissé mes pantoufles?

D. Les voici.

M. Versez de l'eau chaude dans la cuvette, pendant que je mettrai ma robe de chambre.

D. Monsieur veut-il que je le rase?

M. Ma barbe est-elle assez poussée?

D. Elle est d'avant-hier matin. C'est aujourd'hui votre jour de barbe.

M. Je suis pourtant pressé.

Der Herr. Johann, gib mir meine kurzen Strümpfe.

Der Bediente. Ich bringe Ihnen wollene Strümpfe, es ist heute kalt.

H. Diese Strümpfe sind schwer anzuziehen.

— Die Strumpfbänder drücken mich.

— Was für ein Hemd hast du mir zurecht gelegt?

B. Ein Hemde mit kleinen Falten.

H. Der Halskragen ist nicht gehörig gestärkt.

— Gib mir einen Kragen.

B. Welche Hosen wollen Sie heute anziehen?

H. Gib mir meine grauen Beinkleider.

— Was hält das schwer, sie zuzuknöpfen!

— Die Knopflöcher sind zu eng.

— Diese Beinkleider fallen nicht gut (auf die Füße).

— Der Schnitt ist nicht graziös.

— Mit Sprungriemen sitzen sie mir besser.

B. Sie haben Ihre Hosenträger nicht genug heraufgezogen.

H. Wo habe ich denn die Pantoffeln hingestellt?

B. Hier sind sie.

H. Gieße warmes Wasser in das Becken, während ich den Schlafrock anziehe.

B. Wünschen Sie, daß ich Sie rasire?

H. Ist mein Bart lang genug?

B. Er steht seit vorgestern. Es ist heut Ihr Rasirtag.

H. Ich habe aber Eile.

— Votre eau est-elle chaude ?	— Ist das Wasser warm?
D. Je viens de la mettre dans le plat à barbe.	B. Ich habe es eben in das Seifenbecken gegossen.
— Monsieur veut-il que je lui mette la serviette autour du cou ?	— Wünschen Sie, daß ich Ihnen eine Serviette umlege?
M. Avez-vous donné le fil à votre rasoir ?	H. Hast du das Rasirmesser gut geschliffen?
— Donnez-lui encore un coup sur le cuir.	— Zieh es noch auf dem Leder ab.
— Dépêchez-vous. Je ne vois ni le pinceau, ni la savonnette.	— Spute dich. Ich sehe weder Pinsel noch Seifenkugel.
D. Tout est prêt ; le savon est délayé.	B. Es ist alles bereit; ich habe schon Schaum geschlagen.
M. Vous m'avez coupé, je crois.	H. Ich glaube, du hast mich geschnitten.
— Débarbouillez-moi à l'eau froide.	— Wasch' mich mit kaltem Wasser ab.
— Donnez-moi maintenant le peigne.	— Jetzt gib mir den Kamm.
— Cette glace est dans un faux jour ; je ne me vois pas.	— Der Spiegel steht in einem falschen Licht; ich kann nicht sehen.
— Où donc avez-vous mis ma brosse à cheveux ?	— Wo hast du denn die Haarbürste hingethan?
D. Elle est sur la toilette.	B. Sie liegt auf der Toilette.
M. Ma raie est-elle droite ?	H. Ist mein Scheitel gerade?
— Mes cheveux ne tiennent pas.	— Die Haare liegen nicht an.
— Donnez-moi la pommade.	— Gib mir Pomade.
— Si j'avais eu le temps, vous m'auriez frisé.	— Hätte ich mehr Zeit, so hättest du mir die Haare brennen müssen.
— Dois-je mettre des bottes aujourd'hui ?	— Soll ich heute Stiefeln anziehen?
— Avez-vous ciré mes bottes neuves ?	— Hast du meine neuen Stiefeln gewichst?
D. Oui, Monsieur, j'ai maintenant d'excellent cirage, et vos bottes reluisent si bien qu'on pourrait s'y mirer.	B. Ja wohl; ich habe jetzt vortreffliche Wichse, und Ihre Stiefeln glänzen, daß man sich darin spiegeln könnte.
M. Ces bottes me blessent ; elles me sont trop justes.	H. Diese Stiefeln drücken mich; sie sind mir zu eng.
D. Voulez-vous des souliers alors?	B. Wollen Sie Schuhe anziehen?
M. Oui, faites diligence, et n'oubliez pas le chausse-pied.	H. Ja, spute dich, und vergiß nicht den Schuhanzieher.
— Attendez; comme j'ai des vi-	— Warte; ich habe Besuche zu machen:

sites à rendre, vous m'apporterez mes bottes vernies.	bring mir lieber meine lackirten Stiefeln.
— Pendant que je me lave les mains et que je fais mes ongles, allez donc me chercher ma cravate.	— Während ich mir die Hände wasche und die Nägel putze, kannst du mir ein Halstuch holen.
— Aidez-moi, je vous prie, à faire mon nœud.	— Hilf mir die Schleife machen.
— Les bouts en sont de travers.	— Die Enden sind schief.
— Cette cravate ne me sied pas bien.	— Dieses Halstuch sitzt mir nicht gut.
D. Quel gilet Monsieur a-t-il choisi ?	B. Welche Weste befehlen Sie?
M. Donnez-moi mon gilet à la nouvelle mode, à revers.	H. Gib mir meine neumodische Weste, die mit dem Schalkragen.
D. Monsieur désire-t-il sa redingote ?	B. Wünschen Sie Ihren Ueberrock?
— Mettra-t-il un paletot ?	— Ziehen Sie Ihren Paletot an?
M. Non, donnez-moi mon habit.	H. Nein, gib mir meinen Frack.
— M'avez-vous acheté des gants ?	H. Hast du mir Handschuhe gekauft?
— M'avez vous pris des gants glacés ?	— Hast du auch Glacé-Handschuhe genommen?
— Les doigts de ces gants sont trop courts ; je les ai fait craquer.	— Die Finger dieser Handschuhe sind zu kurz ; sie sind aufgeplatzt.
— Vous avez laissé de la poussière sur le collet de mon habit.	— Du hast auf dem Kragen meines Fracks Staub sitzen lassen.
— Donnez-lui encore un coup de brosse.	— Bürste ihn noch etwas ab.
— Jean, brossez mon chapeau, pendant que je mettrai mon pardessus.	— Johann, bürste meinen Hut, während ich meinen Oberrock anziehe.
— J'oubliais mon mouchoir de poche.	— Ich hätte beinahe mein Schnupftuch (Taschentuch) vergessen.
D. Voici votre foulard.	B. Hier ist ein seidenes.
M. Apportez-moi maintenant ma canne, celle à pomme d'ivoire. (A part.) Au collége on ne fait pas tant de cérémonies. Au premier roulement de tambour, on est debout, et dix minutes après, on est débarbouillé, la tunique et le caban sont sur le dos et le képi sur la tête.	H. Bringe mir jetzt meinen Stock mit dem elfenbeinernen Knopf. (Bei Seite.) Im Gymnasium macht man nicht so viel Umstände. Beim ersten Trommelwirbel ist man auf, und in zehn Minuten ist man gewaschen, und hat Uniform und Mantel auf dem Rücken, und die Mütze auf dem Kopf.

Le Coucher. — Das Schlafengehen.

M. Avez-vous tout disposé pour mon coucher?

— Puis-je commencer à me déshabiller?

D. Oui, Monsieur, tout est prêt.

M. Voulez-vous mettre mon chapeau à la patère?

D. Monsieur veut-il que je l'aide à retirer son habit?

M. Je vous remercie; le voilà ôté.

— Prenez-le, et suspendez-le soigneusement dans ma garde-robe.

— Tâchez qu'il ne soit pas fripé, et qu'il soit à l'abri de la poussière.

D. Faut-il emporter aussi la cravate de Monsieur?

M. Oui, je vais la dénouer.

— Jean, déboutonnez-moi donc ces sous-pieds.

— Je ne trouve pas mon bonnet de nuit.

— Ah! le voici; je ne l'avais pas vu d'abord.

— Que ces bottes sont étroites!

— Je ne puis me déchausser.

— Il me faut toujours un siècle pour ôter ces bottes.

— Jean, donnez-moi le tire-botte.

D. Si Monsieur veut, je vais lui ôter ses bottes.

M. Maintenant donnez-moi encore mes pantoufles. (EDON.)

H. Haſt du alles zum Schlafengehen zurecht gemacht?

— Kann ich anfangen, mich auszukleiden?

B. Ja wohl, alles iſt in Ordnung.

H. Hänge doch meinen Hut an den Knopf.

B. Soll ich Ihnen beim Ausziehen des Fracks behülflich ſein?

H. Danke; er iſt ſchon aus.

— Nimm ihn und hänge ihn ſorgfältig in den Kleiderſchrank.

— Sieh zu, daß er nicht zerknittert wird und ſich kein Staub darauf ſetzt.

B. Soll ich auch Ihr Halstuch wegnehmen?

H. Ja, ich werde es gleich losmachen.

— Johann, knöpfe mir die Sprungriemen los.

— Ich finde meine Schlafmütze (Nachtmütze) nicht.

— Ach! da iſt ſie ja; ich hatte ſie nicht gleich geſehen.

— Was ſind dieſe Stiefeln eng!

— Ich kann ſie nicht ausbekommen.

— Ich brauche immer eine Ewigkeit, um dieſe Stiefeln auszuziehen.

— Johann, gib mir den Stiefelknecht.

B. Wenn Sie wollen, ſo ziehe ich Ihnen die Stiefeln aus.

H. Jetzt gib mir noch meine Pantoffeln.

3. LE DÉJEUNER. — 3. DAS FRÜHSTÜCK.

A. Bonjour, monsieur B.

B. Je suis bien aise de vous voir.

A. Comment avez-vous dormi?

B. Fort bien; et vous, comment avez-vous passé la nuit?

A. Guten Morgen, Herr B.

B. Es freut mich ſehr, Sie zu ſehen.

A. Wie haben Sie geſchlafen?

B. Ganz vortrefflich; und wie haben Sie geruht?

A. J'ai eu une nuit fort agitée.

A. Ich habe eine sehr unruhige Nacht gehabt.

B. Étiez-vous indisposé?

B. Waren Sie nicht wohl?

A. Ce n'est pas cela; mais il y a eu toute la nuit tant de bruit dans la rue, que je n'ai pu fermer l'œil.

A. Das nicht, aber es war die ganze Nacht so viel Lärm auf der Straße, daß ich kein Auge zuthun konnte.

B. Jean, donnez une chaise à Monsieur.

B. Johann, gib dem Herrn einen Stuhl.

— Asseyez-vous, s'il vous plaît.

— Bitte, setzen Sie sich.

— Avez-vous déjà déj-uné?

— Haben Sie schon gefrühstückt?

A. Pas encore. Je viens déjeuner avec vous.

A. Noch nicht. Ich komme, um mit Ihnen zu frühstücken.

B. C'est fort aimable de votre part. Vous venez à point nommé.

B. Das ist schön von Ihnen. Sie kommen gerade zur rechten Zeit.

— Le déjeuner est-il prêt?

— Ist das Frühstück fertig?

J. Tout est sur la table.

J. Alles steht auf dem Tische.

B. Prenez-vous du thé ou du café?

B. Trinken Sie Thee oder Kaffee?

A. Une tasse de café, s'il vous plait.

A. Eine Tasse Kaffee, wenn ich bitten darf.

B. Désirez-vous encore un peu de crème?

B. Ist Ihnen noch ein wenig Sahne gefällig?

A. Je vous remercie, j'en ai assez.

A. Ich danke Ihnen, ich habe zur Genüge.

B. Le café est-il assez fort?

B. Ist der Kaffee stark genug?

A. Il est excellent.

A. Er ist vortrefflich.

B. Est-il assez sucré?

B. Ist er süß genug?

A. Si vous le permettez, je prendrai encore un morceau de sucre.

A. Wenn Sie erlauben, so nehme ich noch ein Stück Zucker.

B. Je vous en prie; faites comme si vous étiez chez vous.

B. Bitte, thun Sie, als wenn Sie zu Hause wären.

— Voici des petits pains et du beurre.

— Hier sind Brödchen und Butter.

— Puis-je vous offrir des œufs à la coque?

— Darf ich Ihnen weichgesottene Eier anbieten?

A. Vous avez bien de la bonté.

A. Sie sind sehr gütig.

B. Permettez-moi de vous servir un petit morceau de jambon.

B. Erlauben Sie mir, Ihnen ein Stückchen Schinken vorzulegen.

A. Seulement un tout petit morceau pour le goûter.

A. Ein ganz kleines Stückchen, bloß um ihn zu kosten.

B. Je vous prie de vous servir de la viande froide.

B. Ich bitte, nehmen Sie doch etwas kaltes Fleisch.

A. Je vous remercie, j'ai assez mangé.

B. Jean, apportez le dessert.

A. Ich danke, ich habe genug gegessen (ich habe zur Genüge).

A. Johann, trage das Dessert auf.

4. LE DÎNER.

4. DAS MITTAGESSEN.

A. Attendez-vous quelqu'un à dîner aujourd'hui?

A. Erwarten Sie heute Jemand zu Tische?

B. Monsieur N. nous a fait une visite hier, et je l'ai invité à venir dîner aujourd'hui avec nous.

B. Herr N. besuchte uns gestern, und ich habe ihn eingeladen, heute mit uns zu speisen.

A. A-t-il accepté votre invitation?

A. Hat er Ihre Einladung angenommen?

B. Il a promis d'être ici à cinq heures.

B. Er versprach, um fünf Uhr hier zu sein.

A. Oh, alors il viendra certainement, car il est homme de parole.

A. Oh, dann kommt er gewiß, denn er ist ein Mann von Wort.

— Le voilà déjà.

— Da ist er schon.

N. J'espère que je ne vous ai pas fait attendre.

N. Ich hoffe, ich habe Sie nicht warten lassen.

B. Point du tout.

B. Nicht im geringsten.

    (Madame B entre).

    (Madame B. kommt herein).

N. Madame, vous êtes entièrement rétablie de votre indisposition, j'espère.

N. Sie sind doch hoffentlich von Ihrer Unpäßlichkeit wieder ganz hergestellt?

Mme B. Je vous remercie, Monsieur. Je me porte fort bien à présent.

Mad. B. Ich danke für die gütige Nachfrage. Ich befinde mich jetzt wieder ganz wohl.

J. Madame est servie.

J. Es ist aufgetragen.

B. Eh bien, mettons-nous à table.

B. So lassen Sie uns zu Tische gehen.

N. Puis-je vous offrir mon bras, Madame?

N. Darf ich Ihnen meinen Arm anbieten?

Mme B. Je l'accepte avec plaisir.

Mad. B. Ich nehme ihn mit Vergnügen an.

— Prenez-vous du potage? Un peu de bœuf?

— Ist Ihnen etwas Suppe gefällig? ein wenig Rindfleisch?

— Voulez-vous des petits pois ou des choux-fleurs?

— Wollen Sie (grüne) Erbsen oder Blumenkohl?

N. Je vous demanderai des choux-fleurs.

N. Ich bitte um etwas Blumenkohl.

Mme B. Prendrez-vous un peu de ce rôti ?

N. Pas un si grand morceau, s'il vous plait.

Mme B. Aimez-vous le gras ?

N. Je vous demanderai du maigre.

B. Prenez-vous de la moutarde ?

N. Je vous demanderai un peu de sel.

B. Comment trouvez-vous le rosbif ?

N. Il est délicieux. — Oserais-je vous prier de me donner quelques pommes de terre ?

B. Si vous le permettez, je vous servirai.

— Puis-je vous offrir de la volaille ?

— Prenez un peu de farce.

A. Ces perdrix sont délicieuses.

Mme B. Je suis charmée qu'elles soient de votre goût.

B. Quel vin désirez-vous ?

N. Je vous demanderai un verre de bordeaux.

B. Jean, débouchez le champagne.

N. Je prends la liberté de boire à la santé de Madame.

Mme B. A votre santé ! — Voici du fromage, des fraises et des framboises ; veuillez vous servir.

Mad. B. Wollen Sie etwas von diesem Braten ?

N. Kein so großes Stück, wenn ich bitten darf.

Mad. B. Essen Sie gern fett ?

N. Ich bitte um etwas von dem magern.

B. Befehlen Sie etwas Mostrich ?

N. Ich möchte Sie um etwas Salz bitten.

B. Wie finden Sie den Rindsbraten (das Rostbeef) ?

N. Er ist köstlich. — Dürfte ich Sie wohl um einige Kartoffeln bitten ?

B. Wenn Sie erlauben, werde ich Ihnen welche geben.

— Kann ich Ihnen etwas Geflügel anbieten ?

— Nehmen Sie etwas Füllsel.

A. Diese Rebhühner sind köstlich.

Mad. B. Es freut mich, daß sie Ihnen schmecken.

B. Was für Wein ist Ihnen gefällig ?

N. Geben Sie mir gefälligst ein Glas Bordeaux.

B. Johann, mach den Champagner auf.

N. Ich nehme mir die Freiheit, Madame, auf Ihre Gesundheit zu trinken.

Mad. B. Ihr Wohlsein ! — Da ist Käse, Erdbeeren und Himbeeren; bedienen Sie sich.

---

5. LA PROMENADE ; LE TEMPS.

a) *Avant la promenade.*

A. Puisque je vous rencontre, mon cher, je vous propose une promenade à la campagne. La ville m'ennuie, les pavés me

---

5. DER SPAZIERGANG ; DAS WETTER.

a) *Vor dem Ausgehen.*

A. Da ich Sie antreffe, mein Lieber, so schlage ich Ihnen einen Spaziergang auf das Land vor. Die Stadt langweilt mich, das Pflaster brennt

brûlent les pieds, les boutiques me blessent la vue.

B. Où irons-nous ? au bois de B...?

A. Non, je n'aime pas les promenades publiques : je ne me promène pas pour me faire voir. D'ailleurs le bois de B... n'a de bois que le nom. J'y souhaiterais plus d'ombre et moins de poussière, un peu d'espace pour se mouvoir, des eaux naturelles, de l'herbe où l'on pût marcher sans crainte des lois.

B. Vous êtes sévère. — Donc, où irons-nous ?

A. A M..., à trois lieues d'ici.

B. Fort bien ; mais voyez : ai-je une toilette de champs ?

A. Voici des habits de toile que je vous prête : ce n'est pas joli, mais c'est commode. — Vous êtes bien ainsi. Prenez une canne et venez.

B. Irons-nous dans votre voiture?

A. C'est trop huppé.

B. A cheval ?

A. Trop gentilhomme.

B. A pied, donc ?

A. C'est trop loin.

B. Peut-être en canot ?

A. Il faut ramer ; c'est fatigant.

B. Alors, comment irons-nous?

A. En chemin de fer. Venez vite; le train part à dix heures.

B. Il est dix heures moins vingt minutes, et la gare est à une lieue !

b) *Au chemin de fer.*

A. Ouf ! nous sommes arrivés.

---

mir unter den Füßen, der Anblick der Kaufläden thut mir weh.

B. Wo gehen wir hin? ins B...er Wäldchen ?

A. Nein, ich habe die öffentlichen Spazierplätze nicht gern ; ich gehe nicht aus, um mich sehen zu lassen. Uebrigens macht das B...er Wäldchen seinem Namen wenig Ehre. Ich möchte etwas mehr Schatten und weniger Staub darin, etwas Raum um sich zu bewegen, natürlich dahin fließendes Wasser, Gras, worauf man ohne Furcht vor Verboten treten kann.

B. Sie verlangen viel. — Wo gehen wir also hin ?

A. Nach M..., drei Stunden von hier.

B. Sehr wohl ; aber ich bin nicht danach angezogen, auf's Land zu gehen.

A. Hier sind leinene Kleider, die ich Ihnen leihen kann; sie sind nicht schön, aber bequem. — Sie sehen so ganz gut aus. Nehmen Sie einen Stock und kommen Sie.

B. Fahren wir in Ihrem Wagen aus ?

A. Das ist zu vornehm.

B. Nehmen wir Pferde?

A. Das ist zu edelmännisch.

B. Wir gehen also zu Fuß ?

A. Es ist zu weit.

B. Nehmen wir vielleicht einen Kahn ?

A. Da muß man rudern ; das ist ermüdend.

B. Aber wie kommen wir denn fort ?

A. Mit der Eisenbahn. Sputen Sie sich; der Zug geht um 10 Uhr ab.

B. Es ist zwanzig Minuten vor Zehn, und der Bahnhof ist eine Stunde weit !

b) *Auf der Eisenbahn.*

A. Ah, da sind wir! Nehmen wir

Prenons vite nos billets et montons dans la salle d'attente.

B. Nous allons bientôt partir; j'entends déjà siffler la locomotive.

A. Voici la cloche du départ qui sonne. Venez, suivez-moi de près, la foule nous presse. Courons en avant, pour prendre les places du coin dans le wagon. Nous voici bien ! nous partons ; nous sommes partis; nous avons déjà passé les fortifications.

B. Passerons-nous sous un tunnel?

A. Non. Nous allons bientôt traverser un petit bois qui se trouve sur le chemin de fer.

B. En effet, le voici.

— Quelle jolie vue ! — Les arbres semblent tourner autour de nous et courir dans la forêt; ils s'agitent, ils s'inclinent, ils fuient, se poursuivent : ils sont animés.

— Nous sortons de la forêt. Nous voici suspendus sur un pont à deux cents pieds en l'air.

— Cette vallée au-dessous de nous, à droite et à gauche, est réellement délicieuse.

— Voyez ce petit sentier blanc qui court au pied de la colline entre les rochers, et qui se perd là-bas dans ce fourré d'arbres.

A. Vous êtes poëte, mon cher. Mais finissez; nous voici à la station.

c) A la promenade.

B. Voici longtemps que nous marchons à travers prés, bruyè-

---

schnell unsere Billette, und gehen wir in den Wartesaal.

B. Wir werden bald abfahren; ich höre schon das Pfeifen der Locomotive.

A. Man läutet zur Abfahrt. Kommen Sie, halten Sie sich dicht an mir, es ist ein großes Gedränge. Laufen wir voraus, damit wir Eckſitze im Waggon bekommen. Da ſäßen wir nach Wunſch! wir fahren ab; wir ſind abgefahren; wir haben die Feſtungswerke ſchon hinter uns.

B. Müſſen wir durch einen Tunnel?

A. Nein. Wir kommen bald durch ein kleines Gehölz, das hart an der Eiſenbahn liegt.

B. In der That, da iſt es.

— Welch ſchöner Anblick! Die Bäume ſcheinen um uns zu tanzen und im Walde zu laufen; ſie ſchütteln ſich, neigen ſich, fliehen, verfolgen ſich: ſie ſind lebendig.

— Wir kommen aus dem Wald heraus. Jetzt ſchweben wir auf einer Brücke, zwei hundert Fuß in der Luft.

— Dieſes Thal, das rechts und links unter uns liegt, iſt wirklich äußerſt lieblich.

— Sehen Sie doch den kleinen weißen Fußpfad, der ſich am Fuß des Hügels zwiſchen Felſen hinzieht, und ſich dort unten in das Dickicht verliert.

A. Sie ſind ein Dichter, mein Lieber. Aber genug für diesmal; wir ſind an der Station.

c) Auf dem Spaziergange.

B. Wir gehen ſchon lange durch Wieſen, Heiden und Wälder; wie wäre

res, forêts; si nous pouvions nous asseoir?

A. Très-volontiers. Aussi bien, voici au pied de ce chêne un tapis d'herbe uni comme un velours, et comme fait exprès. Asseyons-nous, et causons du beau temps, car on ne peut causer de la pluie, aujourd'hui.

B. C'est vrai. Que pensez-vous de ce mois de mai si beau?

A. Je n'en ai jamais vu le pareil. Tout s'en réjouit: arbres, oiseaux, fleurs, et jusqu'aux moucherons qui s'amusent à bruire au soleil. Les merles, les pinsons, les fauvettes nous saluent de leurs chants.

B. Nous avons aussi le plaisir de la vue. Du haut de ce coteau, nous dominons le paysage, dont la pente douce est couverte d'arbres; le bois s'éclaircit par places, et laisse voir des bruyères rouges qui relèvent le vert tendre et frais éclos des arbres.

A. Voyez-vous aussi dans la plaine cette petite rivière qui rampe sous l'herbe comme un serpent, et dont le cours est marqué par une ligne de saules et un rideau de peupliers.

B. Elle se jette dans la mer, à peu de distance, je crois.

A. Oui. Ces brouillards dorés par le soleil, que vous voyez à l'horizon, s'élèvent de la mer.

B. J'aime ce balancement des grandes herbes dans la plaine; quand le vent passe, elles frissonnent d'abord; il redouble: elles se courbent et ondoient comme des vagues.

es, wenn wir uns etwas setzten?

A. Sehr gern. Da zeigt sich gerade am Fuß dieser Eiche ein Rasensitz, so glatt wie Sammt, und wie für uns geschaffen. Setzen wir uns, und sprechen wir vom schönen Wetter, denn vom schlechten kann man heute nicht reden.

B. Das muß wahr sein. Was sagen Sie zu diesem schönen Mai?

A. Ich habe nie einen ähnlichen erlebt. Alles freut sich: Bäume, Vögel und Blumen, ja selbst die Mücken summen lustig in der Sonne. Die Amseln, Finken und Grasmücken begrüßen uns mit Gesang.

B. Wir genießen auch die Aussicht. Von diesem Hügel aus beherrschen wir die Landschaft, deren sanfter Abhang mit Bäumen besetzt ist; das Gehölz hat lichte Stellen und zeigt röthliche Heidekräuter, die das zarte frische Grün der Bäume hervorheben.

A. Sehen Sie auch das kleine Wasser dort in der Ebene, das sich wie eine Schlange durch das Gras windet, und dessen Lauf durch eine Reihe Weiden und eine Wand von Pappeln bezeichnet ist.

B. Es ergießt sich, nicht weit von hier ins Meer; nicht wahr?

A. Ja wohl. Diese Nebel, welche Sie am Horizont von der Sonne vergoldet sehen, steigen aus dem Meere auf.

B. Ich liebe dieses Schwanken des hohen Grases in der Ebene; wenn der Wind darüber fährt, so schauert es; nimmt er zu, so beugt es sich und wegt wellenartig auf und ab.

A. Quelle est l'heure que vous préférez passer à la campagne ?

B. J'aime également toutes les heures, et même toutes les saisons. Le matin est plus frais, le milieu du jour plus brillant, le soir plus calme et plus solennel. Le printemps, l'été, l'automne, l'hiver sont tous riches en jouissances.

A. L'hiver ! j'aime à l'admirer du coin de mon feu. Je déteste le froid, la glace, la neige, le dégel et le brouillard ; je m'accommoderais fort bien d'un printemps éternel.

— Il faut que nous fassions une fois une promenade la nuit autour du lac de S... quand il y aura un beau clair de lune et des étoiles au ciel.

B. Y aura-t-il des brigands qui détroussent et qui tuent au coin du bois?

A. Non.

B. Tant pis!

d) *Fin de la promenade.*

A. Je crains bien que nous ne voyions le revers de la médaille; nous risquons fort d'être reconduits chez nous par un orage, et nous n'avons pas de parapluie.

B. Je crois que le ciel va bientôt s'éclaircir et que l'orage va cesser.

A. Voilà l'arc-en-ciel qui nous promet le beau temps.

B. La pluie ne tombe plus; un rayon de soleil vient réchauffer les champs; nous pouvons nous mettre en route.

A. Welche Tageszeit bringen Sie am liebsten auf dem Lande zu?

B. Mir sind alle Stunden gleich lieb, ja sogar alle Jahreszeiten. Die Morgenzeit ist frischer, der Mittag glänzender, der Abend stiller und feierlicher. Der Frühling, der Sommer, der Herbst, der Winter sind alle reich an Genüssen.

A. Der Winter! den bewundre ich gern — vom Kamin aus. Ich verabscheue die Kälte, das Eis, den Schnee, das Thauwetter und den Nebel; ein ewiger Frühling wäre mir eben recht.

— Wir wollen einmal des Nachts einen Spaziergang um den S...er See machen, wenn Mondschein ist und der Himmel schön gestirnt ist.

B. Gibt es auch Räuber, die am Saume des Waldes plündern und morden?

A. Nein.

B. Wie schade!

d) *Ende des Spaziergangs.*

A. Ich fürchte sehr, daß wir jetzt die Schattenseite zu sehen bekommen; wir könnten wohl von einem Gewitter heimgeleuchtet werden, und wir haben keinen Regenschirm.

B. Ich denke, der Himmel wird sich bald wieder aufhellen, und das Gewitter nachlassen.

A. Der Regenbogen dort verspricht uns schönes Wetter.

B. Es hört auf zu regnen; die Sonne blickt schon hervor und erwärmt die Felder. Wir können uns auf den Weg machen.

A. Voilà une promenade fort va-
riée.
B. Où rien ne manque, ni le soleil, ni la pluie, ni la grêle, ni
le vent, ni le tonnerre, ni la
poussière en allant, ni la boue
en revenant.
A. Ni le plaisir. (VALSON.)

6. DIVISION DU TEMPS.

A. Quelle heure est-il?
B. Il est midi moins un quart.
A. En ce cas, je vous quitterai
bientôt; je dois être chez un
de mes amis à midi et demi,
et il demeure à une demi-heure
d'ici.
B. Combien de temps pensez-vous
rester chez lui?
A. Deux heures environ.
B. Vous pourra-t-on revoir dans
l'après-midi?
A. Non, je ne serai libre que ce
soir, vers six ou sept heures.
B. Alors, remettons notre entre-
vue à demain matin.
A. Je ne suis pas matinal, mais
cependant je suis toujours levé
à huit heures.
B. Eh bien, retrouvez-vous ici
à dix heures. Je désirerais vous
voir encore une fois avant
votre départ.
— Quand donc votre voyage doit-
il commencer?
A. Vers le commencement ou le
milieu de la semaine prochaine.
B. Combien doit-il durer de
temps?
A. Je n'en sais rien encore; un
touriste ne peut jamais répondre de lui; mais je pense
qu'il durera six semaines ou
deux mois.

A. Das nenne ich einen kunterbunten
Spaziergang.
B. An dem nichts fehlt, weder Sonne,
noch Regen, noch Hagel, noch Wind,
noch Donner, weder Staub beim
Ausgehen, noch Koth beim Nach-
hausegehen.
A. Noch Belustigung.

6. EINTHEILUNG DER ZEIT.

A. Wie viel Uhr ist es?
B. Es ist ein Viertel vor Zwölf.
A. In diesem Fall muß ich Sie bald
verlassen; ich soll um halb Eins bei
einem meiner Freunde sein, und er
wohnt eine halbe Stunde von hier.

B. Wie lange denken Sie bei ihm zu
bleiben?
A. Ungefähr zwei Stunden.
B. Kann ich Sie heute Nachmittag
wiedersehen?
A. Nein, denn ich bin erst gegen sechs
oder sieben Uhr Abends frei.
B. So wollen wir unsere Zusammen-
kunft auf morgen früh verlegen.
A. Ich stehe nicht früh auf; indessen
bin ich doch immer um acht Uhr auf
den Beinen.
B. So kommen Sie um zehn Uhr
hierher. Ich möchte Sie gern noch
einmal vor Ihrer Abreise sehen.

— Wann werden Sie denn Ihre Reise
antreten?
A. Gegen Anfang oder Mitte der
nächsten Woche.
B. Wie lange wird sie dauern?

A. Ich weiß noch nicht; ein Reisender
kann für nichts einstehen; ich denke
aber, sie soll sechs Wochen oder zwei
Monate dauern.

B. Vous aurez les plus beaux mois de l'année, août et septembre.

— L'automne est-il agréable dans ces contrées de l'Allemagne ?

A. On le dit; mais j'en aurai bientôt l'expérience.

B. Ah ! j'aimerais mieux, comme vous, aller passer l'été et l'automne en voyages, que d'aller passer à Nice de tristes hivers.

A. Cependant votre santé a l'air d'être bien rétablie. Est-ce que vous croyez encore nécessaire de retourner en Italie au mois de novembre ?

B. Je ne sais; mais décembre et janvier sont bien rudes en ce pays-ci, tandis que là-bas l'hiver est comme un vrai printemps.

A. Alors, à votre retour, notre joli mois de mai vous paraît sans doute bien triste.

B. La santé et la société des amis le rendent plus agréable que ceux de février ou de mars aux bains de Nice.

A. Ayez bon courage; après cette saison de bains vous serez complétement rétabli.

B. Mon médecin me le disait encore mercredi dernier, et je le crois, ne serait-ce que pour chasser la tristesse.

A. Votre médecin, je l'ai rencontré dimanche à la nuit tombante; il revenait d'une herborisation avec des paquets remplis de fleurs d'été.

B. Cela ne m'étonne pas; il passe les mois de juin et de juillet à faire de la botanique, parce

B. Sie werden die schönsten Monate des Jahres, August und September, dazu haben.

— Ist der Herbst in diesen Gegenden Deutschlands angenehm?

A. Man sagt es; ich werde es bald aus eigner Erfahrung wissen.

B. Ach! ich möchte lieber, wie Sie, den Sommer und Herbst auf Reisen, als traurige Winter in Nizza zubringen.

A. Ihre Gesundheit scheint doch sich wieder befestigt zu haben. Halten Sie es noch für nöthig im November nach Italien zurückzukehren?

B. Ich weiß nicht, aber der Dezember und Januar sind hier zu Lande sehr rauh, während dort der Winter ein wahrer Frühling ist.

A. Da kommt Ihnen wohl, bei Ihrer Rückkehr, der schöne Maimonat recht traurig vor?

B. Gesundheit und die Gesellschaft von Freunden machen ihn angenehmer, als den Februar und März in den Bädern von Nizza.

A. Fassen Sie Muth; nach der Badezeit werden Sie vollkommen wieder hergestellt sein.

B. Mein Arzt sagte es mir auch vorigen Mittwoch, und ich glaube ihm, wäre es auch nur, um die Traurigkeit zu verscheuchen.

A. Ich bin Ihrem Arzte Sonntag bei einbrechender Nacht begegnet; er hatte botanisirt, und trug mehrere Bündel Sommerblumen unter dem Arm.

B. Das wundert mich nicht; er bringt den Juni und Juli mit Botanisiren zu, weil er in dieser Jahreszeit

...qu'il peut à cette saison cueillir beaucoup de simples.

A. Quels jours le trouve-t-on chez lui?

B. Le lundi, le mardi, le jeudi et le vendredi; pour le samedi, je ne vous réponds de rien. Est-ce que vous désirez le voir?

A. Je voudrais, avant d'entreprendre mon voyage, avoir quelques notions de botanique. Je pense qu'en quelques jours, en veillant un peu tard, jusqu'à minuit s'il le faut, je pourrai avoir quelques connaissances superficielles, mais suffisantes à un savant comme moi. C'est pour demander ces quelques leçons que je désire voir votre médecin.

B. Allez le voir après-demain; je le verrai demain, et je le préviendrai.

A. Je vous remercie beaucoup de votre complaisance. L'avez-vous vu aujourd'hui?

B. Non, il n'est pas venu depuis avant-hier. Hier il était retenu chez lui par une indisposition assez grave.

A. J'irai donc chez lui après-demain, vers une heure de l'après-midi.

B. C'est précisément l'heure où vous le trouverez.

— Mais je m'aperçois qu'il va être midi; je ne veux pas vous retenir plus longtemps; nous nous reverrons demain.

A. J'oubliais que je suis pressé; il ne me reste plus qu'une demi-heure; adieu. Mais, si j'arrive un peu tard, mon ami m'excusera. Il sait qu'avec moi

viele Heilpflanzen (Arzeneikräuter) sammeln kann.

A. An welchen Tagen trifft man ihn zu Hause?

B. Am Montag, Dienstag, Donnerstag und Freitag; am Sonnabend (Samstag) ist es aber nicht gewiß. Wünschen Sie ihn zu sprechen?

A. Ich möchte gern, bevor ich meine Reise unternehme, mir einen Begriff von der Botanik machen. Ich dächte, daß ich in einigen Tagen, wenn ich etwas später, vielleicht bis Mitternacht aufbliebe, einige oberflächliche Kenntnisse erlangen könnte, die für einen Gelehrten, wie ich es bin, genügend wären. Ich wünsche also, Ihren Arzt zu sprechen, um einigen Unterricht bei ihm zu nehmen.

B. Gehen Sie übermorgen zu ihm; ich werde ihn morgen sehen und Sie bei ihm anmelden.

A. Meinen besten Dank für Ihre Gefälligkeit. Haben Sie ihn heute gesehen?

B. Nein, er ist seit vorgestern nicht gekommen. Eine ziemlich ernsthafte Unpäßlichkeit erlaubte ihm nicht, gestern auszugehen.

A. So werde ich übermorgen, gegen ein Uhr Nachmittags, zu ihm gehen.

B. Das ist gerade die Stunde, wo Sie ihn treffen können.

— Ich sehe, es wird gleich zwölf Uhr sein; ich will sie nicht länger aufhalten; wir sehen uns morgen wieder.

A. Ich vergaß, daß ich keine Zeit habe; ich habe nur noch eine halbe Stunde; leben Sie wohl. Aber, wenn ich etwas später komme, wird mein Freund mich wohl entschuldigen. Er

il faut toujours accorder le quart d'heure de grâce.

B. Demain donc, à dix heures ; et, puisque vous demandez un quart d'heure en plus, je vous attendrai jusqu'à dix heures un quart.   (BOULANGER.)

weiß, daß man bei mir immer ein Viertelstündchen zulegen muß.

B. Also morgen um zehn Uhr; und da Sie eine Viertelstunde mehr verlangen, so werde ich bis ein Viertel auf Eilf (elf) auf Sie warten.

7. LA CLASSE.

7. DIE KLASSE.

Un élève (bas). Sais-tu tes leçons ?

Ein Schüler, (leise). Kannst du die Lectionen ?

Le voisin. Pas trop bien : elles sont difficiles.

Sein Nachbar. Nicht zum besten: sie sind schwer.

Le professeur. Messieurs, taisez-vous, je vous prie; une fois que vous êtes en classe, vous ne devez plus causer.

Der Lehrer. Still! (Ich bitte Sie still zu sein;) so wie Sie in der Klasse sind, dürfen Sie nicht mehr plaudern.

— Repassez plutôt vos leçons; quand je vous les demanderai, vous ne les saurez peut-être pas.

— Ueberlesen Sie lieber die Lectionen noch einmal; wenn ich sie Ihnen nachher abfrage, werden Sie vielleicht stecken bleiben.

— Levez-vous pour la prière.

— Stehen Sie auf, zum Gebet.

— « In nomine Patris et Filii et « Spiritus Sancti. Amen.

— " Im Namen des Vaters und des " Sohnes und des heiligen Geistes. " Amen.

« Veni, Sancte Spiritus, reple tuo« rum corda fidelium, et tui « amoris in eis ignem accende. « Emitte spiritum tuum, et « creabuntur, et renovabis fa« ciem terræ. »

" Komm, heiliger Geist, erfülle die " Herzen deiner Gläubigen ; ent" zünde in ihnen das Feuer deiner " Liebe. Sende deinen Geist aus, so " wird Alles wieder erschaffen, und " die Gestalt der Erde wird erneu" ert werden. ,,

« Oremus. »

" Laßt uns beten. ,,

« Deus, qui corda fidelium Sancti « Spiritus illustratione docui« sti, da nobis in eodem Spiritu « recta sapere, et de ejus sem« per consolatione gaudere. Per « Christum, Dominum no« strum. Amen. »

" Gott, der du die Herzen der Gläu" bigen durch Erleuchtung des hei" ligen Geistes unterwiesen hast, " laß uns auch in demselben Geiste " zur rechten Weisheit gelangen und " seines Trostes stets froh werden; " durch Christum unsern Herrn. " Amen.

« In nomine, » etc.

" Im Namen " u. f. w.

— Monsieur A., récitez votre leçon.

— A., fagen Sie Ihre Section auf.

— Allons, c'est assez bien ; mais cela pourrait être encore mieux.

— Nun, das ist ziemlich gut ; es könnte aber noch besser sein.

— Récitez la même leçon, monsieur B.

— Sagen Sie dieselbe Section auf, B.

B. Je ne la sais pas.

B. Ich weiß sie nicht.

Pr. Et pourquoi donc ? Vous avez bien eu le temps de l'étudier.

L. Und warum das ? Sie haben doch Zeit gehabt, sie zu lernen.

B. Non, Monsieur, je n'en ai pas eu le temps.

B. Nein, H. Pr., ich habe keine Zeit dazu gehabt.

Pr. Comment cela ? Elle a été donnée hier.

L. Wie das ? Ich habe sie gestern aufgegeben.

B. Je me suis levé trop tard ce matin.

B. Ich bin heute zu spät aufgestanden.

Pr. Ce n'est pas là une bonne raison : il fallait vous lever plus tôt ou l'apprendre hier. Je ne puis accepter une excuse semblable ; elle est beaucoup trop commode.

L. Das ist kein triftiger Grund ; Sie hätten früher aufstehen oder sie gestern lernen sollen. Eine solche Entschuldigung kann ich nicht annehmen ; das wäre zu bequem.

B. Je la saurai une autre fois.

B. Ein andermal werde ich sie lernen.

Pr. Ce ne sera plus le moment ; il faut que chaque chose soit faite en son temps.

L. Das ist nicht mehr der rechte Augenblick. Alles zu seiner Zeit.

B. Je vous promets que cela ne m'arrivera plus.

B. Ich verspreche Ihnen, es soll nicht mehr geschehen.

Pr. Je ne dis pas le contraire ; mais en attendant, vous la copierez deux fois : cela servira à vous la mieux graver dans la tête.

L. Das mag sein ; aber unterdessen werden Sie sie zweimal abschreiben : das wird sie Ihnen besser ins Gedächtniß einprägen.

B. (à son voisin). Deux fois, ce n'est pas trop. J'en suis quitte à bon marché.

B. (zu seinem Nachbar) Zweimal ist nicht zu viel ; ich komme leichten Kaufes davon.

Pr. Il me semble que vous venez de causer. Est-ce que vous réclamez encore quelque chose !

L. Es scheint mir, Sie plaudern. Verlangen Sie noch etwas ?

B. Oh! non, Monsieur, je vous assure.

B. O, durchaus nichts!

Pr. Récitez la seconde leçon, celle de français, monsieur C.

L. Sagen Sie die zweite Section auf, die französische, C.

— C'est passable : faites en sorte de mieux savoir un autre jour.

— Das ist so ziemlich ; ein andermal machen Sie es aber besser!

— Messieurs, vous apprendrez quinze vers à la suite dans l'auteur latin, et la fin du chapitre dans l'auteur français.

Un élève. Monsieur, est-ce que cette dernière ne sera pas un peu longue?

Pr. Je ne peux pas donner moins.

Él. Nous n'en viendrons jamais à bout.

Pr. Pardon, vous pourrez le faire avec un peu de bonne volonté. Cela vous exercera la mémoire.

— Nous allons passer à la correction du devoir.

— Toutes les copies sont-elles remises ?

Un él. Oui, Monsieur, je les ai toutes ramassées.

Pr. Voyons un peu si cette version a été bien comprise.

— Commencez à l'expliquer, monsieur D.

— Ce n'est pas trop mal, mais faites mieux le mot à mot; vous lirez le français ensuite.

— Continuez, monsieur E.

— Je crois que vous ne suiviez pas.

E. Pardon, Monsieur.

Pr. Mais non, vous ne suiviez pas. Vous reprenez à la quatrième phrase, et la deuxième seulement a été expliquée.

E. Ah! c'est que je me suis trompé.

Pr. Je m'en aperçois bien.

(A un élève qui rit). Qu'avez-vous à rire?

Él. Je ris de ce qu'il vient de dire.

Pr. Modérez un peu votre gaîté, ou je la calmerai moi-même avec un pensum ou une retenue.

— Lernen Sie die fünfzehn folgenden Verse im lateinischen Autor, und das Ende des Kapitels im französischen.

Ein Sch. Ist die französische Lection nicht etwas zu lang?

L. Ich kann keine kürzere geben.

Sch. Wir werden nicht damit fertig werden.

L. Doch! zeigen Sie nur etwas guten Willen. Das wird Ihnen das Gedächtniß schärfen.

— Jetzt wollen wir die schriftlichen Arbeiten corrigiren.

— Sind alle Arbeiten abgegeben ?

Ein Sch. Ja, ich habe sie alle eingesammelt.

L. Sehen wir zu, ob man die Uebersetzung verstanden hat.

— Fangen Sie an, zu übersetzen, D.

— Das ist nicht übel, übersetzen Sie aber wörtlicher; Sie können das gute Französisch nachher lesen.

— Fahren Sie fort, E.

— Ich glaube, Sie folgten nicht.

E. Entschuldigen Sie.

L. Nein, Sie folgten nicht. Sie fangen beim vierten Satze an, und man hat erst den zweiten übersetzt.

E. Oh! ich habe mich geirrt.

L. Das merke ich wohl.

(Zu einem Schüler, der lacht): Was lachen Sie?

Sch. Ich lache über das, was er gesagt hat.

L. Mäßigen Sie Ihre Lustigkeit, oder ich werde sie mit einer Strafarbeit oder mit Stubenarrest zu dämpfen wissen.

—Allons, monsieur F., continuez, et vous, tâchez de suivre un peu mieux, s'il vous plaît.

— Vous faites là un contre-sens.

F. Je croyais pourtant avoir compris.

Pr. C'est possible ; votre explication n'est pas absurde ; mais ce n'est pas le sens véritable du texte.

— Monsieur G., comment avez-vous compris ce passage?

G. J'ai fait le même contre-sens.

Pr. Et vous?

Él. Voici quel est mon sens...

Pr. C'est bien cela en effet. Vous voyez que ce qui suit l'explique d'ailleurs suffisamment.

— Monsieur H., achevez l'explication de la version.

— Ce n'est pas trop mal.

— Lisez-moi votre copie.

— Tâchez d'écrire un peu mieux; ce n'est pas lisible.

H. C'est mon écriture ordinaire.

Pr. Justement, elle n'en est pas plus belle ; il faut la réformer; cela vous coûtera peu de peine.

H. J'y ferai attention.

Pr. La version est comprise, mais elle n'est pas assez bien traduite.

— Lisez-moi la vôtre, monsieur J.

J. Je ne l'ai pas bien faite.

Pr. Vous qui riez encore une fois, vous me copierez trois cents vers. Je ne veux plus vous avertir sans cesse.

— Lisez, monsieur J.

— En effet, ce n'est pas compris. C'est un devoir négligé. Du reste, depuis quelque temps je ne suis pas content de vous.

— F., fahren Sie fort, und Sie, geben Sie künftig hin besser Acht.

— Sie verstoßen gegen den Sinn.

F. Ich meinte doch, ich hätte verstanden.

L. Sehr möglich; Ihre Uebersetzung ist kein Unsinn, aber es ist nicht der wahre Sinn des Textes.

— G., wie haben Sie diese Stelle verstanden?

G. Ich habe denselben Verstoß gemacht.

L. Und Sie?

Sch. Ich verstehe so...

L. Das ist in der That der Sinn. Sie sehen, daß die Folge ihn hinreichend erklärt.

— H., übersetzen Sie bis zu Ende.

— Das ist nicht so übel.

— Lesen Sie Ihre Reinschrift vor.

— Suchen Sie besser zu schreiben; das ist nicht leserlich.

H. Es ist meine gewöhnliche Schrift.

L. Wohl! sie ist darum nicht schöner; Sie müssen sie ändern, es wird Ihnen wenig Mühe kosten.

H. Ich werde mich bemühen.

L. Sie haben die Uebersetzung verstanden, aber nicht gut genug übersetzt.

— J., lesen Sie Ihre vor.

J. Ich habe sie nicht gut gemacht.

L. Sie da! lachen Sie schon wieder einmal? Sie werden mir dafür drei hundert Verse abschreiben. Ich habe nicht Lust, Sie fortwährend zu warnen.

— Lesen Sie, J.

— In der That, Sie haben nicht verstanden. Das ist eine nachlässige Arbeit. Uebrigens bin ich seit einiger Zeit nicht mit Ihnen zufrieden. Ha-

Vous avez suivi l'explication?

J. Oui, Monsieur, je l'ai très-bien suivie.

Pr. Vous devez comprendre maintenant votre version.

J. Oui, Monsieur, je la comprends parfaitement.

Pr. Eh bien! vous m'en rapporterez le corrigé. Cet exercice ne vous sera pas inutile.

— Quelqu'un veut-il encore lire son devoir?

Un él. Moi, Monsieur.

Pr. Voyons... cette version est bonne. Personne ne vous a aidé?

Él. Non, Monsieur: vous pouvez être certain que je l'ai faite tout seul.

Pr. C'est bien: continuez à travailler; je vous mettrai des bonnes notes à la fin de la semaine.

— Je n'ai pas le temps de lire d'autres copies en classe; je les lirai chez moi, et je vous en rendrai compte.

Un el. (bas). Je voudrais bien qu'il ne lût pas la mienne.

Pr. Nous allons passer à l'explication de l'auteur grec.

— Avez-vous préparé, monsieur S?

S. Oui, Monsieur.

Pr. Eh bien, commencez.

— Faites mieux le mot à mot.

S. Je n'ai pas compris ces deux mots-là.

Pr. En voici le sens étymologique...

— Assez pour vous. Continuez, monsieur M.

M. Je n'ai pas eu le temps de préparer.

ben Sie die Ueberfetzung aufmerkfam angehört?

J. O ja, ich habe fleißig Acht gegeben.

L. So müffen Sie jetzt die Ueberfetzung verstehen.

J. Gewiß, ich verstehe Sie ganz gut.

L. Wohl! fo fchreiben Sie fie mir ins Reine ab. Diefe Uebung wird nicht unnütz für Sie fein.

— Will noch Jemand feine Arbeit vorlefen?

Ein Sch. Ich, Herr Profeffor.

L. Laffen Sie hören. Diefe Ueberfetzung ift gut. Hat Ihnen Niemand geholfen?

Sch. O nein, Sie können überzeugt fein, daß ich fie ganz allein gemacht habe.

L. Gut; fahren Sie fort fo zu arbeiten und Sie follen am Ende der Woche eine gute Cenfur bekommen.

— Ich habe keine Zeit, noch mehr Arbeiten in der Klaffe zu lefen; ich werde fie zu Haufe durchgehen, und Ihnen davon Rechenfchaft ablegen.

Ein Sch. (leife). Ich möchte wohl, daß er die meinige nicht läfe.

L. Jetzt wollen wir die griechifche Ueberfetzung vornehmen.

— Sind Sie vorbereitet, S.?

S. Ja wohl.

L. So fangen Sie an.

— Ueberfetzen Sie wörtlicher.

M. Ich habe diefe beiden Wörter nicht verftanden.

L. Ihr etymologifcher Sinn ift...

— Genug. Fahren Sie fort, M.

M. Ich habe keine Zeit zur Vorbereitung gehabt.

Pr. Pour réparer cette omission, vous rapporterez l'explication entière en mot à mot et en français.

— Monsieur N., reprenez où l'on en est resté.

N. Je me suis trompé : je croyais qu'on n'expliquait pas l'auteur grec aujourd'hui.

Pr. Et qu'avez-vous préparé?

N. L'auteur latin.

Pr. Eh bien! je suis obligé de vous donner la même punition qu'à votre camarade.

— Monsieur O, achevez l'explication.

— C'est assez bien.

— Reprenez en français tout ce que nous avons vu aujourd'hui.

— Allons! de l'attention! que tout le monde suive exactement.

— Ce français n'est pas mal fait.

Un él. Qu'est-ce qu'on expliquera la prochaine fois?

Pr. Nous continuerons à la suite. N'oubliez pas de préparer avec soin.

— Prenez maintenant vos cahiers; je vous dicterai un devoir.

— Faites moins de bruit, s'il vous plaît.

— Écrivez.

— Eh bien! monsieur P., vous n'écrivez pas?

P. J'ai oublié ma plume.

Pr. Vous êtes toujours le même : tantôt vous n'avez pas de plume, tantôt vous n'avez pas d'encre, et tantôt pas de papier.

P. Je ne l'ai pas fait exprès.

Pr. Je le pense bien.

L. Um diese Versäumniß wieder gut zu machen, werden Sie mir das Ganze wörtlich und in gutes Französisch übersetzen.

— N., fahren Sie fort, wo wir stehen geblieben sind.

O. Ich habe mich geirrt; ich dachte, wir hätten heute kein Griechisch.

L. Worauf sind Sie denn vorbereitet?

N. Auf den lateinischen Autor.

L. Ich muß Ihnen dieselbe Strafe, wie Ihrem Kameraden, auferlegen.

— O., übersetzen Sie bis zu Ende.

— Das ist ziemlich gut.

— Sagen Sie uns in gutem Französisch Alles, was wir heute gelesen haben.

— Acht gegeben! Hören Sie aufmerksam zu.

— Das ist nicht übel geschrieben.

Ein Sch. Was werden wir das nächste Mal exponiren?

L. Wir werden weiter fort übersetzen. Vergessen Sie nicht, sich gehörig vorzubereiten.

— Nehmen Sie jetzt Ihre Hefte vor; ich werde Ihnen ein Pensum dictiren.

— Nicht so viel Lärm gemacht!

— Schreiben Sie.

— Nun, P., Sie schreiben nicht?

P. Ich habe meine Feder vergessen.

L. Sie sind immer derselbe: bald haben Sie keine Feder, bald keine Tinte, bald kein Papier.

P. Ich habe es nicht mit Willen gethan.

L. Das will ich hoffen.

— Quelqu'un d'entre vous peut-il
lui prêter une plume?
Un él. En voilà une.
Pr. Prenez la plume, et soyez en
mesure dorénavant. Vous nous
faites perdre du temps pour
rien.
— Écrivez un thème.
Un él. Quand faudra-t-il vous le
remettre.
Pr. Demain matin. Et tâchez
qu'il n'y ait pas de barbarismes
ni de solécismes.
   (L'heure sonne.)
Pr. Ne faites pas de bruit, je vous
prie : vous n'êtes pas encore
sortis.
— Levez-vous.
« In nomine Patris et Filii et Spi-
« ritus sancti. Amen. »

« Sub tuum præsidium confugi-
« mus, sancta Dei genitrix, no-
« stras deprecationes ne despi-
« cias in necessitatibus nostris,
« sed a periculis cunctis libera
« nos semper, Virgo gloriosa et
« benedicta. Amen. »
« In nomine » etc.
— Sortez en silence! (HARQUEL.)

— Kann ihm Einer eine Feder leihen?

Ein Sch. Da ist eine.
L. Nehmen Sie die Feder, und sehen
Sie sich künftig besser vor. Sie sind
schuld, daß wir unnütz Zeit verlieren.

— Schreiben Sie ein Thema.
Ein Sch. Wann müssen wir es ab-
geben?
L. Morgen früh. Und sehen Sie zu,
daß Sie keine Barbarismen und
Solöcismen darin machen.
   (Die Uhr schlägt).
L. Keinen Lärm gemacht! Sie sind
noch nicht braußen.

— Stehen Sie auf.
" Im Namen des Vaters und des
Sohnes und des heiligen Geistes.
Amen. "
" Unter deinen Schutz und Schirm
" fliehen wir, o heilige Gottesgebä-
" rerin! verschmähe nicht unser
" Gebet in unfern Nöthen, sondern
" erlöse uns jederzeit von allen Ge-
" fahren, o du glorwürdige und
" gebenedeite Jungfrau. Amen. "
" Im Namen " u. s. w.
— Gehen Sie ruhig hinaus.

8. TRAVAUX DU COLLÉGE.

L'oncle. Dis-moi, mon cher neveu,
à quelle heure vous levez-vous?
Le neveu. A cinq heures, mon
oncle. Mais qu'il est dur de
s'arracher si tôt du lit! Que de
bâillements, que d'efforts avant
de sauter à bas.
O. Que fait pendant ce temps-là
votre maître d'étude?
N. Il frappe sur nos lits de fer

8. SCHULARBEITEN.

Der Onkel. Sag mir, lieber Neffe,
um wie viel Uhr steht ihr auf?
Der Neffe. Um fünf Uhr, lieber
Onkel. Aber wie schwer hält es, sich
so früh aus den Federn zu machen!
Welches Gähnen, welcher Kampf,
ehe man aus dem Bette springt.
O. Was macht euer Aufseher wäh-
rend der Zeit?
N. Er klopft mit dem Schlüssel auf

avec sa clef, il se promène avec grand bruit, gourmande les plus paresseux et même au besoin leur distribue des consignes.

O. Combien avez-vous de temps pour vous habiller ?

N. Vingt minutes.

O. Que faites-vous ensuite ?

N. Nous descendons à l'étude, nous disons la prière et nous nous mettons au travail.

O. Jusqu'à quelle heure ?

N. Jusqu'à sept heures et demie.

O. Et alors ?

N. Nous allons en récréation. On nous donne un morceau de pain : les mieux fournis d'argent achètent au portier du fromage, des confitures, des gâteaux, tandis que les autres mangent gaiement leur pain sec en courant et en jouant.

O. La récréation sans doute dure jusqu'à huit heures.

N. Oui, mon oncle. Puis nous allons en classe. Nous y restons jusqu'à dix heures. Pendant ces deux heures, on récite les leçons, on corrige les devoirs et on explique les auteurs.

O. Après la classe vous allez en récréation ?

N. Oh ! non, mon oncle, on n'en est pas si prodigue. Nous retournons à l'étude.

O. Pauvres enfants! et combien dure cette étude ?

N. Elle se prolonge jusqu'à midi, heure du diner.

O. C'est bien tard pour des estomacs si jeunes et si exigeants. Avez-vous au moins tout ce qu'il faut?

unsere eisernen Bettstellen, geht lärmend auf und ab, schilt die Trägsten aus, und straft sie allenfalls mit Hausarrest.

D. Wie viel Zeit habt ihr, um euch anzukleiden?

N. Zwanzig Minuten.

D. Was macht ihr nachher?

N. Wir gehen ins Studirzimmer, verrichten unser Gebet und setzen uns an die Arbeit.

D. Bis um wie viel Uhr?

N. Bis halb acht.

D. Und dann?

N. Haben wir eine Freistunde. Man gibt uns ein Stück Brod; die einen gespickten Beutel haben, kaufen beim Pförtner Käse, Eingemachtes oder Kuchen, während die Andern vergnügt ihr trocknes Brod unter Laufen und Spielen verzehren.

D. Die Freistunde dauert bis acht Uhr, nicht wahr?

N. Ja wohl. Dann gehen wir in die Klasse. Wir bleiben da bis um zehn. Während dieser zwei Stunden werden Lectionen aufgesagt, Arbeiten corrigirt und Autoren übersetzt.

D. Nach der Klasse habt ihr wieder frei?

N. O nein, lieber Onkel, man ist nicht so verschwenderisch mit den Freistunden. Wir gehen wieder ins Arbeitszimmer.

D. Ihr armen Kinder! Und wie lange dauert die Arbeitszeit?

N. Sie zieht sich bis zwölf Uhr hin, wo wir zu Mittag essen.

D. Das ist ziemlich spät für so junge, ungestüme Magen. Bekommt ihr wenigstens so viel ihr braucht?

N. A peu près : nous avons du pain à discrétion et du vin en abondance. Mais les plats ne sont guère variés : chaque jour reviennent certains plats classiques, les haricots, les pommes de terre à l'eau, le bœuf bouilli, le bœuf à l'huile, le bœuf aux carottes qu'on appelle prétentieusement bœuf à la mode.

O. Combien avez-vous de temps pour vos somptueux festins ?

N. Vingt minutes.

O. Après le dîner il doit y avoir récréation.

N. Oui, jusqu'à une heure. Nous jouons aux barres ou à la balle. C'est le plus beau moment de notre journée. De une heure à deux heures nous avons étude.

O. Que d'études ! comme vous devez travailler !

N. Oh! on ne travaille pas tout le temps de l'étude! on cause un peu pour se reposer.

O. A deux heures où allez-vous !

N. Nous allons de nouveau en classe. Nous y restons deux heures qui sont employées comme celles du matin.

O. A quatre heures vous avez récréation?

N. Jusqu'à cinq heures. Alors nous retournons à l'étude. A huit heures la cloche sonne pour le souper. On fait la prière et on va au réfectoire. Puis du réfectoire les uns montent immédiatement au dortoir, les autres plus studieux vont à la veillée. A dix heures tout le monde se couche et la journée est finie.

N. Ungefähr: wir haben Brod, so viel wir wollen, und getauften Wein in Menge. Aber die Schüsseln wechseln eben nicht ab; an jedem Tage kommen gewisse klassische Gerichte vor, als da sind: Bohnen, Kartoffeln, Suppen-Rindfleisch, Rindfleisch mit Oel und Essig, oder mit Mohrrüben, das man anmaßlich Boeuf a la Mode nennt.

O. Wie viel Zeit gönnt man euch zu diesem Gallaessen?

N. Zwanzig Minuten.

O. Nach dem Essen habt ihr doch eine Freistunde?

N. Ja, bis Eins. Wir spielen Barlauf oder Ball; das ist der schönste Augenblick im ganzen Tage. Von Eins bis Zwei arbeiten wir.

O. Wie viel Arbeitsstunden! Ihr müßt tüchtig dran!

N. Oh! man studirt nicht immer während der Arbeitszeit. Man plaudert ein wenig, um sich zu erholen.

O. Und wohin geht ihr um zwei Uhr?

N. Wir gehen wieder in die Klasse. Dort bleiben wir zwei Stunden, die wie die am Morgen angewendet werden.

O. Um vier Uhr könnt ihr spielen?

N. Bis um fünf. Dann geht es wieder ins Studirzimmer. Um acht Uhr läutet die Glocke zum Abendessen. Man betet und geht in den Speisesaal. Aus diesem begeben sich einige sofort in den Schlafsaal; die fleißigern aber bleiben noch auf. Um zehn Uhr geht Alles schlafen, und der Tag ist herum.

O. Je vois avec plaisir que l'étude a une large part de votre temps et que même les plus laborieux ont de quoi satisfaire leur goût pour le travail. Pour toi, mon cher neveu, je crains bien que tu ne sois de ceux qui se couchent aussitôt après souper et qui usent trop modérément de l'étude de peur de compromettre leur santé. (HERBAULT.)

D. Es freut mich, daß die Studien eure Zeit so in Anspruch nehmen, und daß selbst die fleißigsten ihre Lust zur Arbeit befriedigen können. Was dich betrifft, lieber Neffe, so fürchte ich sehr, daß du zu denen gehörst, die gleich nach dem Abendessen zu Bette gehen, und die Arbeitszeit allzu gemächlich benutzen, aus Furcht ihre Gesundheit zu untergraben.

9. LA LANGUE ALLEMANDE.

9. DIE DEUTSCHE SPRACHE.

A. Depuis combien de temps apprenez-vous l'allemand?

B. Depuis deux ans.

A. De qui prenez-vous des leçons?

B. De monsieur ***.

A. Parlez-vous déjà couramment'

B. Assez.

A. Traduisez-vous à livre ouvert?

B. Les ouvrages d'histoire et les romans, je les lis avec beaucoup de facilité; mais les ouvrages philosophiques me donnent encore beaucoup de mal.

A. Cela ne m'étonne pas : on dit que les philosophes allemands ne sont pas toujours faciles à comprendre.

B. Certains poëtes, comme par exemple Klopstock, ont aussi des difficultés particulières.

A. Auriez-vous la bonté de me donner une idée de la langue allemande?

B. Avec plaisir. Veuillez m'interroger.

A. L'allemand est-il une langue dérivée comme le français?

B. Non, c'est une langue primitive. Elle a ses racines et ses

A. Seit wie lange lernen Sie deutsch?

B. Seit zwei Jahren.

A. Bei wem nehmen Sie Unterricht?

B. Bei Herrn ***.

A. Sprechen Sie schon geläufig?

B. So ziemlich.

A. Uebersetzen Sie vom Blatte weg?

B. Geschichtswerke und Romane lese ich mit großer Leichtigkeit; aber philosophische Schriften machen mir noch viel zu schaffen.

A. Das wundert mich nicht: die deutschen Philosophen sollen nicht immer leicht zu verstehen sein.

B. Manche Dichter, wie z. B. Klopstock, haben auch eigenthümliche Schwierigkeiten.

A. Hätten Sie wohl die Güte mir einen Begriff von der deutschen Sprache beizubringen?

B. Mit Vergnügen. Fragen Sie nur.

A. Ist die deutsche Sprache eine abgeleitete Sprache, wie die französische?

B. Nein, es ist eine Stammsprache. Sie hat ihre eignen Wurzeln und

radicaux à elle, à l'aide desquels elle forme ses mots dérivés et composés.

A. Où parle-t-on le plus pur allemand ?

B. A Hanovre, à Brunswick, dans la Basse-Saxe, dans une partie de la Prusse, en Courlande et en Livonie.

A. Cette langue a-t-elle plusieurs dialectes ?

B. Elle en a deux : le haut-allemand (sud) et le bas allemand (nord).

A. Dans lequel des deux écrit-on et parle-t-on ?

B. Dans aucun des deux. On écrit et on parle l'allemand littéraire, c'est-à-dire le vrai et pur allemand qui s'est formé de ce qu'il y a de plus parfait dans ces deux dialectes.

A. Comment divise-t-on les lettres ?

B. En voyelles et en consonnes ; il y a aussi des diphthongues.

A. La prononciation est-elle difficile ?

B. Elle présente peu de difficultés. L'accent tonique repose toujours sur la syllabe la plus significative, c'est-à-dire sur la syllabe radicale de tout mot simple.

— Les syllabes accessoires, la plupart du temps, ne sont pas accentuées.

A. Et dans les mots composés ?

B. C'est ordinairement le premier qui a l'accent principal, et le second a l'accent secondaire.

A. Combien de parties du discours y a-t-il ?

Stammwörter, aus denen sie die abgeleiteten und zusammengesetzten Wörter bildet.

A. Wo wird das reinste Deutsch gesprochen?

B. In Hannover, Braunschweig, Niedersachsen, in einem Theil von Preußen, in Kurland und Liefland.

A. Hat diese Sprache mehrere Mundarten?

B. Sie hat deren zwei: die oberdeutsche (im Süden) und die niederdeutsche (im Norden).

A. In welcher von beiden schreibt und spricht man?

B. In keiner von beiden. Man schreibt und spricht Hochdeutsch, d. h. das echte, reine Deutsch, welches sich aus der Vervollkommnung dieser Dialekte ausgebildet hat.

A. Wie werden die Buchstaben eingetheilt?

B. In Selbstlaute und Mitlaute; es gibt auch Doppellaute.

A. Ist die Aussprache schwer?

B. Sie bietet wenig Schwierigkeiten. Der Ton liegt stets auf der bedeutsamsten Sylbe, d. h. auf der Stammsylbe jedes einfachen Wortes.

— Die Nebensylben sind meistens unbetont.

A. Und in den zusammengesetzten Wörtern?

B. Da hat gewöhnlich das erste den Hauptton und das andere den Nebenton.

A. Wie viel Redetheile gibt es?

B. Il y en a neuf; elles s'appellent :

 le substantif,
 l'adjectif,
 le pronom,
 le verbe,
 l'article,
 le nom de nombre,
 la préposition,
 l'adverbe,
 la conjonction.

— Les interjections ne sont pas de
véritables mots.

A. Est-ce que les substantifs se
déclinent ?

B. Certainement; ils suivent la
déclinaison forte, la faible et
la mixte.

— La déclinaison forte comprend
des noms des trois genres; la
faible ne comprend que des
noms masculins et féminins :
aucun mot neutre ne prend les
terminaisons faibles.

A. Combien de cas y a-t-il ?

B. Quatre ; ils s'appellent : le
nominatif, le génitif, le datif
et l'accusatif.

A. Et combien de nombres ?

B. Il y en a deux : le singulier
et le pluriel.

A. L'adjectif se décline-t-il et
a-t-il des degrés de comparaison ?

B. Cela va sans dire. Il se décline,
comme le substantif, de trois
manières ; il a un positif, un
comparatif et un superlatif.

A. Comment divise-t-on les pronoms ?

B. En pronoms personnels,
   possessifs,
   démonstratifs,

B. Neun; sie heißen:

 das Hauptwort,
 das Eigenschaftswort,
 das Fürwort,
 das Zeitwort,
 das Geschlechtswort,
 das Zahlwort,
 das Vorwort,
 das Umstandswort,
 das Bindewort.

— Die Empfindungslaute sind keine
wirklichen Wörter.

A. Werden die Hauptwörter declinirt?

B. Ja wohl; sie folgen der starken,
der schwachen und der gemischten
Declination.

— Die starke Declination begreift
Wörter aller drei Geschlechter, die
schwache nur männliche und weib-
liche Wörter; kein sächliches Wort
declinirt schwach.

A. Wie viel Fälle gibt es?

B. Vier; sie heißen: (der) Nomina-
tiv, Genitiv, Dativ und Accusativ.

A. Und wie viel Zahlen?

B. Zwei: die Einheit und die Mehr-
heit.

A. Kann das Eigenschaftswort declinirt und gesteigert werden?

B. Das versteht sich von selbst. Es
wird, wie das Hauptwort, auf
dreierlei Weise declinirt; es hat
einen Positiv, einen Comparativ
und einen Superlativ.

A. Wie werden die Fürwörter eingetheilt?

B. In persönliche,
  zueignende,
  hinweisende,

déterminatifs, interrogatifs et relatifs.	beſtimmende, fragende und beziehende.
A. Combien de conjugaisons y a-t-il ?	A. Wie viel Conjugationen gibt es?
B. Il y en a trois : la forte, la faible ou régulière et la conjugaison irrégulière.	B. Es gibt deren drei : die ſtarke, die ſchwache oder regelmäßige und die unregelmäßige.
— Les verbes composés sont, de plus, séparables ou inséparables.	— Die zuſammengeſetzten Zeitwörter ſind außerdem trennbar oder untrennbar.
A. Dites-moi aussi quelque chose des modes et des temps.	A. Sagen Sie mir auch etwas über die Redeweiſen und Zeiten.
B. La langue allemande distingue trois modes : l'indicatif, le subjonctif et l'impératif.	B. Die deutſche Sprache unterſcheidet drei Redeweiſen oder Modi : den Indicativ, den Conjunctiv und den Imperativ.
— L'infinitif, le participe et le conditionnel ne sont pas comptés parmi les modes.	— Der Infinitiv, das Particip und der Conditionalis werden nicht zu den Modis gerechnet.
— Les temps principaux sont : le présent, le prétérit et le futur.	— Die Hauptzeiten ſind: die Gegenwart, die Vergangenheit und die Zukunft.
A. Combien de sortes de verbes y a-t-il ?	A. Wie viel Arten von Verben gibt es?
B. Il y a des verbes actifs, neutres, passifs, réfléchis, personnels, impersonnels, auxiliaires, auxiliaires de mode.	B. Es gibt thätige oder zielende, unthätige oder ziellose, leidende, rückzielende, perſönliche, unperſönliche Zeitwörter, Hülfszeitwörter, Hülfsverba des Modus.
A. Y a-t-il plusieurs articles en allemand ?	A. Gibt es im Deutſchen mehrere Geſchlechtswörter?
B. La langue allemande en a deux : l'article défini et l'article indéfini.	B. Die deutſche Sprache hat zwei Artikel : den beſtimmten und den unbeſtimmten.
A. Comment divise-t-on les noms de nombre ?	A. Wie werden die Zahlwörter eingetheilt?
B. En nombres cardinaux, nombres ordinaux, et en noms de nombre indéterminés.	B. In Haupt- oder Grundzahlen, Ordnungszahlen und unbeſtimmte Zahlwörter.
A. Les prépositions gouvernent-	A. Regieren die Präpoſitionen be-

elles des cas déterminés ?

B. Oui, Monsieur. La plupart ré-gissent toujours le même cas ; mais quelques-unes exigent tantôt un cas, tantôt un autre.

A. Comment classe-t-on les ad-verbes ?

B. D'après leur signification. Il y a :

1° des adverbes de lieu et de temps ;

2° des adverbes de qualité et de quantité ;

3° des adverbes d'affirmation, de négation, de doute et d'in-terrogation.

— Les adjectifs employés adver-bialement ont presque tous un comparatif et un superlatif.

A. Qu'y a-t-il à remarquer sur les conjonctions ?

B. D'après leur valeur syntaxi-que, elles sont :

1° coordonnantes, quand elles lient des propositions de ma-nière qu'elles restent indépen-dantes l'une vis-à-vis de l'autre;

2° subordonnantes, quand elles subordonnent une propo-sition à une autre ;

3° adverbiales, quand elles expriment un rapport logique.

A. La construction présente-t-elle des difficultés particulières ?

B. Nullement ; elle repose sur trois règles d'une grande sim-plicité.

—La première concerne la propo-

---

stimmte Fälle?

B. Ja wohl. Die meisten regieren im-mer denselben Casus; einige aber fordern bald diesen, bald jenen Fall.

A. Wie werden die Umstandswörter classificirt?

B. Nach ihrer Bedeutung. Es gibt:

1° Adverbien des Raumes und der Zeit;

2° der Weise (Qualität) und des Grades (der Quantität);

3° bejahende, verneinende, Zweifel ausdrückende und fragende.

—Die adverbialisch gebrauchten Adjec-tive haben fast alle einen Compara-tiv und Superlativ.

A. Was ist über die Bindewörter zu bemerken?

B. Nach ihrer syntaktischen Kraft sind sie:

1° beiordnend, wenn sie die Sätze so mit einander verbinden, daß sie selbständig neben einander dastehen;

(und, aber, allein, sondern, denn, oder, nämlich).

2° unterordnend, wenn sie einen Satz dem andern unterordnen;

(als, daß, weil, da, damit, wenn, nachdem, u. f. w.)

3° adverbialisch, wenn sie ein lo-gisches Verhältniß ausdrükken.

(so, also, darum, deßhalb, folglich, dann, daher, u. f. w.)

A. Bietet die Construction besondere Schwierigkeiten?

B. Keineswegs: sie beruht auf drei sehr einfachen Regeln.

— Die erste betrifft den Hauptsatz, die

sition principale ; la seconde la proposition subordonnée ; la troisième l'inversion.

A. La ponctuation s'accorde-t-elle avec la nôtre ?

B. Assez ; seulement la virgule s'emploie autrement dans certains cas. On la met notamment au commencement et à la fin des phrases incidentes, ainsi que devant les pronoms relatifs et la plupart des conjonctions.

A. Je vois que vous avez étudié à fond la grammaire allemande.

zweite den untergeordneten Satz, die dritte die verſetzte Wortfolge.

A. Stimmt die Interpunktion mit der franzöſiſchen überein?

B. So ziemlich; nur das Komma wird in manchen Fällen anders gebraucht. Es ſteht namentlich vor und nach jedem Zwiſchenſatze, wie auch vor allen beziehenden Fürwörtern und den meiſten Bindewörtern. .

A. Ich ſehe, Sie haben die deutſche Grammatik gründlich ſtudirt.

10. LA PHILOSOPHIE.

A. Où faites-vous vos études ?

B. Au lycée, dans l'institution M.

A. Faites-vous des lettres ou des sciences ?

B. Je suis le cours de lettres.

A. En quelle classe êtes-vous ?

B. En philosophie.

A. Prenez-vous du goût pour les abstractions qu'on vous y enseigne ?

B. Pas beaucoup.

A. En quelle faculté êtes-vous le plus fort ?

B. En dissertation française.

A. Quelle partie de la science approfondissez-vous avec le plus de plaisir ?

B. La psychologie. Là du moins l'observation porte sur des objets solides, sur les données de la conscience.

A. Croyez-vous que le sens intime nous donne la vraie notion du moi?

B. Je le crois, car la perception

10. DIE PHILOSOPHIE.

A. Wo machen Sie Ihre Studien?

B. Auf dem Gymnaſium, in der M ...ſchen Erziehungsanstalt.

A. Beſchäftigen Sie ſich mit der Litteratur oder mit den Wiſſenſchaften?

B. Mit der Litteratur.

A. In welcher Klaſſe ſind Sie?

B. In Philoſophie (Selecta).

A. Finden Sie Geſchmack an den Abſtractionen, die man Sie lehrt?

B. Nicht beſonders.

A. In welchem Fache beſitzen Sie die größte Fertigkeit?

B. In der franzöſiſchen Diſſertation.

A. Welchen Theil der Wiſſenſchaft ſtudiren Sie am gründlichſten und am liebſten?

B. Die Seelenlehre. Wenigſtens forſcht man hier nur nach gediegenen Dingen, auf Grund des Gewiſſens.

A. Glauben Sie, daß der innere Sinn uns einen wahren Begriff vom Ich gibt?

B. Ich glaube es, denn die Wahrneh-

des sens externes ne la peut donner non plus que la raison.

A. Vous enseigne-t-on qu'il y a dans l'homme un double développement : le développement spontané et le développement réfléchi?

B. Oui ; la volonté, comme l'entendement et la sensibilité, a ce double caractère.

A. Vous savez ce qu'on entend par l'identité du moi, par la personnalité?

B. Oui ; malgré la diversité des phénomènes qui se succèdent en moi, je sens la permanence de mon être ; mes attributs varient, non ma substance.

A. La sensation, n'est-ce pas, n'est pas la mesure de la vérité?

B. Non ; la sensation n'atteint que l'accident, le contingent, le relatif; non l'absolu, le réel.

A. Vous ne faites pas de métaphysique, d'ontologie?

B. Pas du tout ; le passage de la psychologie à la métaphysique est trop dangereux. Nous saisissons les lois de la production des phénomènes, mais nous ne cherchons point à pénétrer jusqu'à la substance.

A. Vous faites au moins de la théodicée?

B. Oui, nous étudions les preuves de l'existence de Dieu, la démonstration de ses rapports avec le monde, et nous cherchons à définir ses principaux attributs.

A. Vous vous servez du principe des causes finales?

mung der äußern Sinne vermag es eben so wenig als die Vernunft.

A. Lehrt man Sie, daß im Menschen eine doppelte Entwickelung statt findet, eine freithätige und eine überlegte?

B. Ja wohl; der Wille hat, wie der Verstand und das Gefühlsvermögen, diesen doppelten Charafter.

A. Wissen Sie, was man unter Identität des Ich und unter Selbstheit versteht?

B. Gewiß; ungeachtet der Mannigfaltigkeit der Erscheinungen, die in mir vorgehen, fühle ich die Fortdauer meines Seins ; meine Prädikate wechseln, nicht aber meine Wesenheit.

A. Ist die sinnliche Wahrnehmung nicht das Criterium der Wahrheit?

B. Nein ; die sinnliche Wahrnehmung faßt nur das Außerwesentliche, Zufällige, Beziehliche auf ; nicht aber das Absolute, wahrhaft Seiende.

A. Treiben Sie nicht auch Metaphysik und Ontologie?

B. Durchaus nicht ; der Uebergang von der Seelenlehre zur Wesenlehre ist zu gefährlich. Wir erkennen die Gesetze, nach welchen die Erscheinungen sich erzeugen, aber wir suchen nicht in das innerste Wesen zu bringen.

A. Sie beschäftigen sich wenigstens mit der Theodicee?

B. Ja wohl ; wir studiren die Beweise vom Dasein Gottes, die Darlegung seiner Verhältnisse zur Welt, und bemühen uns, seine Hauptprädikate zu bestimmen.

A. Gehen Sie von dem Grundsatz der Endursachen aus?

B. Oui, et aussi de l'idée d'infini, et de l'axiome qu'il n'y a point d'effet sans cause, et de la nécessité d'un premier moteur.

A. Croyez-vous que, bornés et limités comme nous sommes, nous puissions connaître la force immense, libre, toute-puissante, créatrice de l'univers?
— En logique, que voyez-vous?

B. Les règles des syllogismes, et les diverses méthodes qu'on emploie dans les différentes sciences. Dans les unes, on se sert de l'imagination et des hypothèses; dans les autres, de la raison et du raisonnement.

A. Vous savez dans quels cas on emploie l'analyse et la synthèse?

B. Oui, l'une est plutôt la méthode d'invention, l'autre la méthode de démonstration ou de transmission de la vérité.

A. Sur quoi fondez-vous la morale?

B. Sur les idées innées de devoir et d'obligation, sur le principe de mérite et de démérite, et sur la responsabilité et la liberté de l'homme.

A. Vous n'admettez pas le fatalisme?

— Quelles sortes de devoirs l'homme a-t-il à remplir, d'après la loi morale?

B. Des devoirs envers lui-même, envers son prochain, envers la société et envers Dieu.

A. Quels sont les systèmes philosophiques dont on vous a parlé?

B. Ja, und auch von dem Begriff des Unendlichen und dem Erfahrungssatz, daß es keine Ursach ohne Wirkung gibt, so wie von der Nothwendigkeit eines ersten Urhebers.

A. Glauben Sie, daß wir beschränkte, eng begrenzte Wesen die grenzenlose, freie, allgewaltige Schöpferkraft des Weltalls begreifen können?

— Welchen Theil der Logik studiren Sie?

B. Die Regeln von den Vernunftschlüssen, und die mancherlei Methoden, die man in den verschiedenen Wissenschaften gebraucht. Bei einigen bedient man sich der Einbildungskraft und der Unterstellungen; bei andern der Vernunft und der Schlußfolgerung.

A. Sie wissen, in welchen Fällen man die Analyse und die Synthese anwendet?

B. Ja, die eine ist eher die Methode der Erfindung; die andere die der Beweisführung oder Fortpflanzung der Wahrheit.

A. Worauf gründen Sie die Moral?

B. Auf die angebornen Ideen von Pflicht und Recht, auf den Grundsatz des Verdienstes und der Strafbarkeit, auf die Verantwortlichkeit und Freiheit des Menschen.

A. Sie nehmen die Verhängnißlehre nicht an?

— Was für Pflichten hat der Mensch, nach dem moralischen Gesetz, zu erfüllen?

B. Pflichten gegen sich selbst, gegen seinen Nächsten, gegen die Gesellschaft und gegen Gott.

A. Von welchen philosophischen Lehrgebäuden hat man Ihnen gesprochen?

B. Le sensualisme,
le matérialisme,
l'idéalisme,
- le spiritualisme.
A. En connaissez-vous d'autres encore ?
B. Le panthéisme et le scepticisme.
A. Quelle différence y a-t-il entre une cause efficiente et une cause occasionnelle ?
— Qu'entend-on par raison suffisante ?
— Quelle est la fin de l'homme ?
B. Le bien, et la satisfaction des vrais besoins de sa nature.

— L'homme est sociable et perfectible à un degré indéfini.

A. Quelle est la base de la certitude philosophique ?
B. Le principe de contradiction. Tout ce dont le contraire implique contradiction est irrécusable : autrement il n'y a qu'une probabilité plus ou moins grande. (DUGIT.)

11. L'HISTOIRE.

A. Quels sont les fondements de toute science historique ?
B. La géographie et la chronologie.
A. N'y a-t-il pas plusieurs systèmes de chronologie ?
B. Il y en a huit :
1) Celui des Hébreux, qui comptent par les années de la création;
2) Celui des anciens Grecs, par olympiades de quatre an-

B. Vom Senſualismus,
Materialismus,
Idealismus und
Spiritualismus.
A. Sind Ihnen noch andere bekannt ?
B. Der Pantheismus und der Scepticismus.
B. Welcher Unterſchied iſt zwiſchen einer bewirkenden und einer Gelegenheits-Urſache ?
— Was verſteht man unter zureichendem Grund ?
— Was iſt das Ziel des Menſchen ?
B. Das Gute und die Befriedigung der wahren Bedürfniſſe ſeiner Natur.
— Der Menſch iſt ein geſelliges Weſen und in einem unbeſtimmbaren Grade der Vervollkommnung fähig.
A. Welches iſt die Grundlage der philoſophiſchen Gewißheit?
B. Der Grundſaß des Widerſpruchs. Alles, wovon das Gegentheil einen Widerſpruch enthält, iſt unverwerflich; ſonſt gibt es nur einen größern oder geringern Grad der Wahrſcheinlichkeit.

11. DIE GESCHICHTE.

A. Welches ſind die Grundlagen aller geſchichtlichen Kenntniſſe?
B. Geographie oder Erdkunde und Chronologie oder Zeitkunde.
A. Gibt es nicht verſchiedene Zeitrechnungen?
B. Es gibt deren acht :
1) Die hebräiſche, nach Jahren der Welt;

2) Die altgriechiſche, nach Olympiaden von vier Jahren. Die erſte

nées. La première olympiade date de l'an 776 avant la naissance de Jésus-Christ;

3) Celui des Romains, par les années de la fondation de Rome, 754 avant Jésus-Christ;

4) Celui des Séleucides qui date du 1er octobre de l'an 312 avant Jésus-Christ;

5) Le système qui compte par années avant ou après la naissance du Christ et qui est le plus en usage;

6) L'ère d'Espagne qui date de l'an 38 avant Jésus-Christ;

7) L'ère ou hégyre des Arabes, de la fuite de Mahomet, 16 juillet 622 après Jésus-Christ;

8) L'ère de la République Française, commencée le 21 septembre 1792 et abrogée le 31 décembre 1805.

A. Quelles sont les sciences auxiliaires de l'histoire?

B. La statistique ou connaissance des ressources d'un État, l'archéologie ou science de l'antiquité, la généalogie ou science de l'origine des familles, la science héraldique ou le blason, la numismatique ou science des médailles, l'épigraphie ou science des inscriptions, la diplomatique ou science des chartes, et la sphragistique ou science des sceaux.

A. Combien peut-on suivre de méthodes pour exposer l'histoire?

B. Cinq : les méthodes chronologique, ethnographique, synchronique, philosophique et politique.

Olympiade begann 776 Jahre vor Christi Geburt;

3) Die römische, nach Jahren von Rom's Erbauung, 754 Jahre vor Christo;

4) Die seleucidische fängt den 1. October 312 v. Chr. an;

5) Nach Jahren vor und nach Christi Geburt, die am gebräuchlichsten ist;

6) Die spanische, 38 Jahre vor Christo;

7) Die arabische Hegira, von Mahomet's Flucht, den 16. Juli 622 nach Christo;

8) Die französisch-republikanische Zeitrechnung, angefangen den 21. September 1792, abgeschafft den 31. Dezember 1805.

A. Welches sind die Hülfswissenschaften der Geschichte?

B. Statistik oder Staatenkunde, Archäologie oder Alterthumskunde, Genealogie oder Geschlechtskunde, Heraldik oder Wappenkunde, Numismatik oder Münzenkunde, Epigraphik oder Inschriftenkunde, Diplomatik oder Urkundenlehre und Sphragistik oder Siegelkunde.

A. Wie viel Arten die Geschichte vorzutragen nehmen Sie an?

B. Fünf : die chronologische, die ethnographische, die synchronistische, die pragmatische und die politische.

La méthode chronologique raconte les événements en suivant rigoureusement l'ordre des années.

La méthode ethnographique nous donne l'histoire des peuples considérés isolément.

La méthode synchronique expose les événements d'une même époque sans distinction de peuples et d'États.

La méthode philosophique met en lumière les causes et les conséquences des événements.

La méthode politique s'occupe surtout des maximes suivant lesquelles les peuples et les États se conduisent.

A. Comment divisez-vous l'histoire universelle?

B. 1) En histoire ancienne, depuis la fondation des premiers empires jusqu'à la chute de l'empire romain d'Occident, de l'an 2200 avant Jésus-Christ à l'an 476 après Jésus-Christ;

2) En histoire du moyen âge, de 476 après Jésus-Christ jusqu'à la découverte de l'Amérique, en 1492;

3) En histoire moderne, de 1492 jusqu'à la Révolution française, 1789 ;

4) En histoire contemporaine, de 1789 jusqu'à nos jours.

Die chronologische erzählt die Begebenheiten streng nach der Jahresfolge.

Die ethnographische giebt die Geschichte der Völker einzeln und abgeschlossen.

Die synchronistische ist eine gleichzeitige Darstellung der Begebenheiten ohne Rücksicht auf Völker und Staaten.

Die pragmatische zeigt die Ursachen und Wirkungen der Begebenheiten.

Die politische beschäftigt sich vorzüglich mit den Grundsätzen, nach welchen Völker und Staaten geleitet werden.

A. Wie theilen Sie die allgemeine Geschichte ein?

B. 1) In alte Geschichte, von der Gründung der ersten Staaten bis zum Untergange des weströmischen Reichs, von 2200 Jahren vor bis 476 Jahre nach Christi Geburt;

2) Die Geschichte des Mittelalters, von 476 nach Christo bis auf die Entdeckung von Amerika, 1492;

3) In neuere Geschichte, von 1492 bis zur französischen Staatsumwälzung, 1789;

4) In neueste Geschichte, von 1789 bis auf unsere Zeiten.

12. LA GÉOGRAPHIE.

12. DIE GEOGRAPHIE.

A. Quelles sont les cinq parties du monde?

B. Ce sont : l'Europe, l'Asie,

A. Welches sind die fünf Welttheile?

B. Europa, Asien, Afrika, Amerika

l'Afrique, l'Amérique et l'Océanie.

A. Laissons de côté les autres parties du monde pour étudier particulièrement l'Europe, la plus petite, il est vrai, pour la superficie, mais de toutes, la plus peuplée, la plus riche, la plus éclairée et la plus puissante.

— Et d'abord occupons-nous de la géographie physique ; nous verrons ensuite la géographie politique.

— Connaissez-vous la position astronomique de l'Europe ?

B. L'Europe s'étend du 35e degré au 75e degré de latitude nord, et du 8e au 83e degré de longitude est.

A. C'est à peu près exact. Indiquez-moi ses bornes.

B. Elle est bornée au nord par la mer Glaciale, à l'ouest par l'océan Atlantique, au sud par la Méditerranée, à l'est par les monts Ourals, le fleuve Oural, la mer Caspienne, le Caucase, la mer Noire, la mer de Marmara et l'Archipel.

A. Quelles sont les principales mers formées par l'océan Atlantique et par l'océan Glacial Arctique ?

B. Le premier forme la mer du Nord ou mer d'Allemagne, la Baltique ou mer Orientale, et la Méditerranée.

— Le second forme la mer Blanche.

A. Citez-moi quelques golfes de la Baltique.

B. Il y a le golfe de Bothnie, le

und Australien.

A. Laffen wir die andern Welttheile bei Seite, und studiren wir besonders Europa, das zwar, seinem Umfange nach, der kleinste, aber bei weitem der bevölkertste, reichste, aufgeklärteste und mächtigste ist.

— Zuerst wollen wir uns mit der physischen Geographie beschäftigen ; nachher soll die politische Geographie an die Reihe.

— Kennen Sie die astronomische Lage Europa's ?

B. Europa erstreckt sich von dem fünf und dreißigsten bis zum fünf und siebzigsten Grade nördlicher Breite, und vom achten bis zum drei und achtzigsten östlicher Länge.

A. Das ist ziemlich richtig. Geben Sie mir seine Grenzen an.

B. Es grenzt im Norden an das Eismeer, im Westen an den atlantischen Ocean, im Süden an das mittelländische Meer, im Osten an die uralischen Gebirge, den Ural (=Fluß), das Caspische Meer, den Kaukasus, das schwarze Meer, das Meer von Marmara und den Archipel.

A. Welches sind die Hauptmeere, die vom atlantischen Ocean und dem nördlichen Eismeer gebildet werden?

B. Ersterer bildet die Nordsee oder das deutsche Meer, das baltische Meer oder die Ostsee, und das mittelländische Meer.

— Letzteres das weiße Meer.

A. Geben Sie mir einige Meerbusen in der Ostsee an.

B. Der bothnische, der finnische, der

golfe de Finlande, le golfe de Riga ou de Livonie, le golfe de Dantzig.

A. Nommez quelques détroits.

B. Le Sund, le Grand-Belt et le Petit-Belt, entre la Suède, les îles Seeland et Fionie et le Jutland.

A. Connaissez-vous les caps de l'océan Glacial?

B. Le plus remarquable est le Nord Kyn, qui forme l'extrémité septentrionale du continent européen.

A. Quelle est la plus grande presqu'île?

B. C'est la presqu'île scandinave.

A. Quels sont les fleuves les plus remarquables d'Allemagne?

B. Le Danube et le Rhin.

A. Où prennent-ils leur source? Décrivez-moi leurs cours; dites-moi où ils ont leur embouchure.

— Parlez-moi du lac Ladoga en Russie et du lac Balaton en Hongrie, et passons aux îles.

B. Je ne citerai que la Grande-Bretagne et l'Irlande.

A. Quelles sont les grandes chaînes de montagnes?

B. Ce sont les monts d'Hespérie, qui comprennent les Pyrénées; la chaîne des Alpes, qui forme les Apennins; la chaîne des Carpathes; la chaîne scandinave, etc.

A. Quel est le plus grand de tous les plateaux?

B. C'est celui de la Russie centrale.

A. Dites-moi quelque chose sur les volcans, sur le Vésuve, l'Etna et les volcans sous-marins; puis

rigaische oder liefländische, das Pauyker-Wiek.

A. Nennen Sie mir einige Meerengen.

B. Der Sund, der große und der kleine Belt, zwischen Schweden, den Inseln Seeland und Fühnen, und Jütland.

A. Kennen Sie die Vorgebirge des Eismeers?

B. Das merkwürdigste ist das Nordcap, welches die nördlichste Spitze des europäischen Festlands bildet.

A. Welches ist die größte Halbinsel?

B. Die Skandinavische.

A. Welches sind die merkwürdigsten Flüsse in Deutschland?

B. Die Donau und der Rhein.

A. Wo entspringen sie? Beschreiben Sie mir ihren Lauf; sagen Sie mir wo sie münden.

— Sagen Sie mir etwas über den Ladogasee in Rußland und den Balatonsee in Ungarn, und kommen wir zu den Inseln.

B. Ich werde nur Großbritannien und Irland anführen.

A. Welches sind die größten Gebirgs-züge?

B. Das hesperische Gebirge, welches auch die Pyrenäen begreift; die Alpen, von welchen die Apenninen ausgehen; die Karpathen; die skandinavische Gebirgskette. u. s. w.

A. Welches ist die größte Hochebene?

B. Die im mittleren Rußland.

A. Sagen Sie mir etwas über die feuerspeienden Berge, den Vesuv, den Ätna und die unterseeischen Vul-

parlez-moi des plaines et des vallées.

B. La vallée du bas Danube, la vallée du Danube moyen sont les plus considérables.

A. Y a-t-il des déserts en Europe?

B. Non; mais il y a beaucoup de landes et de steppes.

A. Quel est le climat de l'Europe?

B. On admet ordinairement trois climats: chaud, tempéré et glacial.

A. Laissons de côté les productions du sol ou de l'industrie, et faisons la géographie politique.

B. La population absolue de l'Europe est de 227,700,000 habitants ; la population relative est de 82 habitants par mille carré.

— Quant à l'ethnographie, on peut réduire à vingt souches ou familles principales les peuples de l'Europe.

A. Nommez-moi, je vous prie, les différentes religions.

B. Il y a le christianisme qui comprend :

l'église catholique romaine,
l'église grecque,
les églises protestantes.

Ces dernières se subdivisent en églises luthériennes et en églises réformées ou calvinistes, et en église épiscopale, ou anglicane.

A. N'y a-t-il pas d'autres associations religieuses?

B. Il y a les Méthodistes en Angleterre ; les Mennonites en Angleterre, en Hollande et en Prusse; les Sociniens en Transylvanie ;

kane ; und kann über die Ebenen und die Thäler.

B. Das Unter-Donauthal und das Mittel-Donauthal sind die bedeutendsten.

A. Gibt es Wüsten in Europa ?

B. Nein, aber es gibt viel Heiden und Steppen.

A. Wie ist das Klima von Europa ?

B. Man nimmt gewöhnlich drei Klimata an : das heiße, gemäßigte und kalte.

A. Lassen wir die Erzeugnisse des Bodens und des Gewerbfleißes bei Seite, und beschäftigen wir uns mit der politischen Geographie.

B. Die absolute Bevölkerung Europa's beläuft sich auf 227,700,000 Einwohner; die relative auf 82 per Quadratmeile.

— In ethnographischer Beziehung kann man die europäischen Völker auf zwanzig Hauptstämme zurückführen.

A. Nennen Sie mir doch auch die verschiedenen Religionen.

B. Das Christenthum ; es begreift:

die römisch-katholische Kirche,
die griechische Kirche,
und die protestantischen Kirchen.
Die zuletzt genannten zerfallen in lutherische und reformirte oder calvinistische, und in die bischöfliche oder anglikanische Kirche.

A. Gibt es nicht noch andre religiöse Vereine?

B. Es gibt Methodisten in England; Mennoniten in England, Holland und Preußen; Socinianer in Siebenbürgen ; Quäker in England,

les Quakers en Angleterre, aux Pays-Bas et en Amérique ; les Arméniens en Turquie.

Il y a aussi : l'Islamisme, le Judaïsme, le Lamisme chez les Mongoles ; l'Idolâtrie chez les Samoyèdes.

Quelles sont les différentes formes de gouvernement que l'on trouve en Europe ?

B. Il y en a de trois sortes :

   1º Monarchies absolues ;

   2º Monarchies constitutionnelles ;

   3º Républiques.

A. Comment divisons-nous les États de l'Europe ?

B. On peut les diviser en États principaux et en États secondaires.

A. Combien y a-t-il de grands États ?

B. Il y en a cinq.

A. Nommez-les avec leurs capitales.

B. La France, capitale Paris ; l'Angleterre, capitale Londres ; la Prusse, capitale Berlin ; l'Autriche, capitale Vienne ; la Russie, capitale St.-Pétersbourg. Moscou fut jadis la capitale de la Russie.

A. Indiquez, s'il vous plait, les États secondaires.

B. J'indiquerai les plus considérables, mais sans entrer dans les détails.

— Il y a au sud la monarchie portugaise, capitale Lisbonne sur le Tage. La monarchie espagnole, capitale Madrid. L'Italie qui est partagée en une foule de souverainetés parmi lesquelles nous nommerons la

---

den Niederlanden und Amerika ; Armenier in der Türkei.

Ferner : den Islamismus, den Judaismus ; den Lamaismus bei den Mongolen ; den Götzendienst bei den Samojeden.

A. Welches sind die verschiedenen Regierungsformen, die man in Europa antrifft ?

B. Es gibt deren drei :

   1º Unumschränkte Monarchien ;

   2º Verfassungsmäßige Monarchien ;

   3º Freistaaten.

A. Wie werden die europäischen Staaten eingetheilt ?

B. Man kann sie in Haupt- und Nebenstaaten eintheilen.

A. Wie viel große Staaten gibt es ?

B. Fünf.

A. Nennen Sie sie mit ihren Hauptstädten.

B. Frankreich, Hauptstadt Paris, England, Hauptstadt London ; Preußen, Hauptstadt Berlin ; Oestreich, Hauptstadt Wien ; Rußland, Hauptstadt St.-Petersburg. Ehemals war Moskau die Hauptstadt von Rußland.

A. Geben Sie jetzt die Nebenstaaten an.

B. Ich werde nur die bedeutendsten nennen, und mich nicht auf Nebenumstände einlassen.

— Im Süden ist das Königreich Portugal, Hauptstadt Lissabon, am Tejo. Das Königreich Spanien, Hauptstadt Madrid. Italien, das in eine Menge Herrschaften zerfällt, von denen wir nur den sardischen Staat erwähnen, der die Insel und

monarchie sarde qui comprend l'île et le royaume de Sardaigne, capitale Turin dans la vallée du Pô, ville principale, Gênes ; l'État de l'Église ou du Pape, capitale Rome sur le Tibre. Le royaume des deux Siciles, capitale Naples.

Dans la partie orientale de l'Europe on trouve : la Grèce, capitale Athènes ; l'empire ottoman (la Turquie), capitale Constantinople ; les principautés de Servie, capitale Semendria ; de Valachie, capitale Buckarest ; de Moldavie, capitale Jassy.

A. N'avez-vous rien à dire sur l'Allemagne ?

B. L'Allemagne, si l'on comprend sous ce nom tous les pays où l'on parle la langue allemande, est bornée au nord par la mer Baltique, le Danemark et la mer du Nord ; à l'ouest par la Hollande, la Belgique, la France et la Suisse ; au sud, par l'Italie et la Méditerranée ; à l'est par la Turquie, la Hongrie et la Pologne.

— Le pays compris dans ces limites est traversé par des chaînes de montagnes qui le divisent en deux grands plateaux. La chaîne principale partant des monts Carpathes prend tour à tour les noms de monts des géants, forêt de Bohême, montagnes de cuivre, montagnes des pins. Ici la chaîne se bifurque ; un de ses rameaux va vers le nord et prend les noms de forêt de Thuringe et de montagnes du Hartz.

das Königreich Sardinien in sich begreift : Hauptstadt Turin, im Pothale ; wichtigste Stadt, Genua. Der Kirchenstaat oder die päpstlichen Staaten, Hauptstadt Rom, an der Tiber. Das Königreich beider Sicilien, Hauptstadt Neapel.

Im östlichen Theile von Europa findet man : Griechenland, Hauptstadt Athen ; das osmanische Reich (die Türkei), Hauptstadt Constantinopel ; die Fürstenthümer Servien, Hauptstadt Semendria ; Walachei, Hauptstadt Bukarest ; Moldau, Hauptstadt Jassy.

A. Haben Sie nichts über Deutschland zu sagen ?

B. Deutschland, wenn man unter diesem Namen alle Länder versteht, wo deutsch gesprochen wird, grenzt im Norden an die Ostsee, Dänemark und die Nordsee ; im Westen an Holland, Belgien, Frankreich und die Schweiz ; im Süden an Italien und das mittelländische Meer ; im Osten an die Türkei, an Ungarn und Polen.

— Dieses Land, in dieser Ausdehnung, ist von einem Gebirge durchzogen, das es in zwei Hauptmassen scheidet. Die bedeutendste Kette läuft von den Karpathen aus, und führt verschiedene Namen : Riesengebirge, Böhmerwald, Erzgebirge, Fichtelgebirge. Dann theilt sie sich gabelförmig ; einer ihrer Zweige zieht nordwärts und heißt der Thüringer Wald und der Harz.

— La ramification qui s'étend vers le sud s'appelle : montagnes escarpées ou Alpes de Souabe ; son point d'arrêt est la forêt Noire qui longe le Rhin.

— L'Allemagne du sud est montagneuse et n'a qu'un grand fleuve, savoir : le Danube.

— Le nord est un pays plat et sablonneux ; on y trouve beaucoup de grands fleuves, parmi lesquels le Rhin, le Véser, l'Elbe, l'Oder.

— Si l'on entend par Allemagne les pays qui entrent dans la Confédération germanique actuelle, elle se compose de 40 états d'inégale grandeur qui comptent 34,000,000 d'habitants.

A. Quels sont les principaux états de l'Allemagne?

B. L'Autriche et la Prusse.

A. Cette revue est bien incomplète, mais l'heure nous presse : nous allons la compléter un autre jour.   (LUGUET.)

13. L'ARITHMÉTIQUE.

A. Voudriez-vous me dire le but de l'arithmétique ?

B. Bien volontiers ; cette science a pour but d'enseigner diverses opérations sur les nombres.

A. Qu'est-ce qu'un nombre ?

B. C'est une collection d'unités de même espèce.

A. Le nombre ne peut-il pas aussi être composé de parties d'unité ?

B. Oui, et les parties d'unité se nomment fractions, et un nombre qui contient des unités et

— Der nach Süden laufende Zweig heißt die rauhe oder schwäbische Alp: er schließt sich an den Schwarzwald, der die Rheinufer bekränzt.

— Süddeutschland ist gebirgig und hat nur einen bedeutenden Fluß, nämlich die Donau.

— Norddeutschland ist ein flaches, sandiges Land, es besitzt viele große Flüsse, unter andern den Rhein, die Weser, die Elbe, die Oder.

— Rechnet man zu Deutschland die Länder, welche zum jetzigen Deutschen Bund gehören, so besteht es aus vierzig Staaten von ungleicher Größe, die 34 Millionen Einwohner zählen.

A. Welches sind die bedeutendsten Staaten in Deutschland?

B. Oestreich und Preußen.

A. Diese Uebersicht ist sehr unvollständig, aber die Zeit drängt: wir wollen sie ein andermal zu Ende bringen.

13. DIE ARITHMETIK.

A. Wollten Sie mir wohl sagen, wozu die Rechenkunst dient?

B. Sehr gern; sie dient dazu, die verschiedenen Regeln zu lernen, nach welchen man mit Zahlen zu verfahren hat.

A. Was ist eine Zahl?

B. Ein Ganzes, das aus gleichartigen Einheiten besteht.

A. Kann eine Zahl nicht auch aus Theilen einer Einheit bestehen?

B. Ja, diese Theile heißen dann Brüche, und eine Zahl, die sowohl Einheiten als Brüche enthält, ist

des fractions s'appelle nombre fractionnaire.

A. Ne distinguez-vous pas plusieurs sortes de nombres ?

B. Quand on énonce un nombre, sans désigner l'espèce des unités, c'est un nombre abstrait ; dans le cas contraire, c'est un nombre concret, par exemple, trois mètres.

A. Qu'appelez-vous quantité ?

B. On nomme quantité tout ce qui est susceptible d'augmentation et de diminution, ainsi l'étendue, la durée, le poids, etc.

A. Comment exprime-t-on les nombres ?

B. Au moyen de certains signes ou caractères, qui s'appellent chiffres.

A. Quel en est le nombre?

B. Ils sont au nombre de dix ; les voici, ainsi que leurs noms:

0	1	2	3	4
zéro	un	deux	trois	quatre

5	6	7	8	9
cinq	six	sept	huit	neuf.

— On appelle numération l'art d'exprimer tous les nombres par la combinaison de ces chiffres.

A. Énoncez-moi les différentes parties du nombre suivant: 3642.

B. Il se compose de trois mille, six centaines, quatre dizaines et deux unités, et il se lit: trois mille six cent quarante-deux.

A. Qu'entendez-vous par les quatre règles?

B. Ce sont les principales opérations de l'arithmétique: l'addition, la soustraction, la multiplication et la division.

ein unechter Bruch.

A. Unterſcheidet man nicht mehrere Arten von Zahlen?

B. Ja. Drückt man eine Zahl aus, ohne die Art der Einheiten anzugeben, ſo hat man eine unbenannte; im entgegengeſetzten Fall aber eine benannte, zum Beiſpiel: drei Meter.

A. Was nennt man eine Größe?

B. Ein jedes Ding, welches ſich vermehren oder vermindern läßt, wie Ausdehnung, Dauer, Gewicht, u. ſ. w.

A. Wie werden die Zahlen dargeſtellt?

B. Mittelſt gewiſſer Zeichen, die man Ziffern nennt.

A. Wie viel Ziffern gibt es ?

B. Es gibt deren zehn, nämlich :

0	1	2	3	4	5
Null	eins	zwei	drei	vier	fünf

6	7	8	9
ſechs	ſieben	acht	neun.

— Durch Verbindung dieſer Ziffern alle Zahlen ausdrücken, heißt numeriren.

A. Geben Sie die verſchiedenen Theile der Zahl 3642 an.

B. Sie enthält drei Tauſende, ſechs Hunderter, vier Zehner und zwei Einer, und wird ausgeſprochen: drei tauſend, ſechs hundert zwei und vierzig.

A. Was verſteht man unter den vier Species?

B. Die Haupt-Rechnungsarten: Addition, Subtraction, Multiplication, und Diviſion.

A. Qu'est-ce que l'addition ?

B. C'est une opération qui a pour but de réunir plusieurs nombres en un seul nommé somme.

— Cette opération a pour inverse la soustraction ; celle-ci a pour objet de trouver de combien d'unités un nombre en surpasse un autre. Le résultat s'appelle reste ou différence.

A. Bien. Parlez-moi maintenant de la multiplication.

B. La multiplication a pour but de répéter un nombre nommé multiplicande, autant de fois qu'il y a d'unités dans un autre nombre nommé multiplicateur.

— Le multiplicande et le multiplicateur s'appellent aussi facteurs et le résultat se nomme produit.

A. N'est-il point important de connaître par cœur le produit de facteurs n'ayant qu'un seul chiffre ?

B. Oui ; on l'apprend au moyen de la table due à Pythagore.

A. Comment la formez-vous ?

B. J'écris sur une ligne horizontale les neuf premiers nombres, puis j'ajoute chacun d'eux neuf fois successives, et j'écris chaque fois ces neuf produits dans une même colonne verticale.

A. Trouvez-moi d'après cela le produit de 7 $\times$ 5.

B. Je cherche 7 dans la première ligne ; et je descends dans la colonne verticale jus-

A. Was heißt addiren oder zusammenzählen ?

B. Darunter versteht man ein solches Verfahren, bei welchem mehrere Zahlen in eine Zahl zusammengefaßt werden, welche letztere Summe heißt.

— Das Gegentheil davon ist das Subtrahiren oder Abziehen, wobei man zu finden hat, wie viel Einheiten eine Zahl mehr hat, als eine andere. Was herauskommt, heißt Rest oder Unterschied.

A. Ganz richtig. Nun gehen Sie zur Multiplication über.

B. Beim Multipliciren oder Vervielfältigen bezweckt man, eine Zahl, die Multiplicandus heißt, so oft zu nehmen, als Einheiten in einer andern, die Multiplicator heißt, vorhanden sind.

— Multiplicandus und Multiplicator heißen zusammen Factoren. Das Ergebniß wird Product genannt.

A. Ist es nicht sehr wichtig, das Product von je zwei nur aus einer Ziffer bestehenden Factoren auswendig zu wissen ?

B. Ja wohl. Solche Producte lernt man aus einer Zahlentafel, welche man das Einmaleins nennt.

A. Wie wird dieselbe gebildet ?

B. In eine Reihe neben einander schreibe ich die ersten neun Zahlen ; alsdann addire ich jede von ihnen neun mal hintereinander, und setze jedes Mal diese neun Producte in eine Reihe von oben nach unten.

A. Wie finden Sie nun darin das Product von 7 $\times$ 5 ?

B. Ich suche 7 in der ersten Reihe, und dann gehe ich die siebente senkrechte Reihe hinab bis zum Felde,

qu'à la case qui est dans la ligne horizontale dont 5 est le chiffre initial. J'y lis le nombre 35, qui est effectivement le produit.

A. Quel rapport voyez-vous entre la multiplication et la division ?

B. La division est une opération inverse de la multiplication. — Elle a pour but de déterminer combien de fois un nombre est compris dans un autre.

A. Les nombres dont vous parlez n'ont-ils pas reçu des noms particuliers ?

B. Le nombre à diviser s'appelle dividende, celui par lequel on divise se nomme diviseur et le résultat de l'opération quotient. — Si la division ne se fait pas exactement, le nombre qui n'est plus divisible par le diviseur, est le reste.

A. Quelles sont les opérations qui commencent par la droite ?

B. Les trois premières ; la division est la seule des quatre règles qui commence par la gauche.

A. Si on commettait des erreurs dans ces calculs, comment s'assurerait-on de l'inexactitude du résultat ?

B. En vérifiant chacune des opérations, par une autre opération, qui en est dite la preuve.

A. Quels sont les signes que l'on emploie pour indiquer les relations des quantités ou les opérations à faire ?

B. Ce sont : + plus, — moins, = égal, × multiplié par, : divisé par.

A. On appelle fractions une ou

---

welches in der mit fünf beginnenden horizontalen Linie liegt. In diesem Felde steht die Zahl 35, welche auch wirklich das Product ist.

A. In welchem Bezug steht die Multiplication zu der Division ?

B. Die Division ist eine der Multiplication entgegengesetzte Rechnungsart. Ihr Zweck ist zu bestimmen, wie oft eine Zahl in einer andern enthalten ist.

A. Die beiden Zahlen, die Sie da eben andeuten, haben besondere Namen ?

B. Ja. Die Zahl, welche getheilt werden soll, heißt Dividendus; die andere, womit sie getheilt, Divisor, und was herauskommt, Quotient. — Geht die Division nicht auf, so heißt die Zahl, welche sich zuletzt nicht mehr theilen läßt, der Rest.

A. Welches sind die Rechnungsarten, bei welchen man von rechts nach links rechnet?

B. Die drei ersten ; die Division allein geschieht von links nach rechts.

A. Wie kann, im Fall man sich verrechnen sollte, die Unrichtigkeit des Facit nachgewiesen werden ?

B. Dazu gehört ein neues Verfahren, welches man Probe nennt.

A. Welche Zeichen braucht man, um die Verhältnisse der Größen unter einander oder die auszuführenden Rechnungen anzudeuten ?

B. Folgende : + plus, — minus, = gleich, × mal, : (dividirt) durch.

A. Brüche sind ein oder mehrere

plusieurs parties de l'unité; n'est-ce pas?

B. Oui.

A. Eh bien! dites-moi de quelle manière on les exprime.

B. Toute fraction doit être énoncée à l'aide de deux nombres ; l'un, le dénominateur marque en combien de parties l'unité est divisée, et l'autre, le numérateur indique combien on prend de ces parties.

— Dans cinq septièmes, cinq est le numérateur, sept est le dénominateur.

— On écrit ces deux nombres en les séparant d'un trait, le numérateur placé en dessus, le dénominateur en dessous $\frac{5}{7}$.

A. Quelle est la dénomination commune au numérateur et au dénominateur ?

B. Ces deux nombres sont les deux termes de la fraction.

A. Les fractions sont-elles soumises aux mêmes opérations que les nombres entiers ?

B. Oui ; mais dans l'addition et la soustraction des fractions, il faut faire une opération préalable.

A. Quelle est-elle ?

B. La réduction des fractions au même dénominateur. Elle consiste à rechercher d'abord le plus petit commun multiple des dénominateurs ; c'est le plus petit nombre divisible par tous les dénominateurs proposés ; on pourra faire servir ce nombre de dénominateur commun.

A. Mais comment arrive-t-on à le connaître ?

Theile der Einheit; nicht wahr?

B. Gewiß.

A. Nun, sagen Sie mir, auf welche Weise man dieselben darstellt.

B. Jeder Bruch muß mit Hülfe zweier Zahlen dargestellt werden, von denen die eine der Nenner ist und anzeigt, in wie viel Theile die Einheit getheilt ; die andere aber ist der Zähler, welcher angibt, wie viel solcher Theile genommen werden sollen.

— In fünf Siebentel ist fünf der Zähler, sieben aber der Nenner.

— Wenn man diese Zahlen schreibt, so trennt man sie durch einen Strich, und setzt den Zähler darüber und den Nenner darunter $\frac{5}{7}$.

A. Welchen gemeinschaftlichen Namen führen Zähler und Nenner ?

B. Es sind die beiden Glieder des Bruches.

A. Rechnet man mit Brüchen auf dieselbe Weise, wie mit ganzen Zahlen ?

B. Ja; nur ist beim Addiren und Subtrahiren noch eine vorläufige Einrichtung nöthig.

A. Nämlich welche?

B. Die Brüche müssen auf denselben Nenner gebracht werden. Dies geschieht, indem man zuerst das kleinste gemeinschaftliche Vielfache aller Nenner, d. h. die kleinste durch alle Nenner theilbare Zahl aufsucht, und diese Zahl als gemeinschaftlichen Nenner annimmt.

A. Doch wie erhält man denselben ?

B. Par la décomposition des dé-nominateurs en leurs facteurs premiers.

A. Ne suppose-t-on pas les frac-tions réduites à leur plus sim-ple expression?

B. Oui ; on les rend irréductibles en supprimant les facteurs communs aux deux termes ; on les détermine par la recherche du plus grand commun divi-seur.

A. Qu'appelez-vous rapport ?

B. J'appelle rapport le résultat de la comparaison de deux quantités. Lorsque quatre quan-tités sont telles que le rapport des deux premières est égal au rapport des deux dernières, elles forment une proportion.

A. Quels noms ont reçus les termes d'une proportion ?

B. Ils se nomment moyens ou extrêmes d'après leur place dans la proportion. Le produit des moyens est égal à celui des extrêmes.

A. Que sont les règles de trois ?

B. Ce sont des proportions dont il faut trouver un terme inconnu. Les règles de trois comprennent les règles de société, d'intérêt, d'escompte, de change, etc.

A. Comment formez-vous les puissances d'un nombre ?

B. En le multipliant par lui-même 1, 2, 3... fois successives. In-versément le premier nombre est la racine carrée, cubique, quatrième, etc. de la puis-sance.

A. Combien connaissez-vous d'es-pèces de progressions ?

B. Man zerlegt die Nenner in ihre kleinsten Factoren oder Prim-zahlen.

A. Nimmt man nicht zuvor an, daß alle Brüche gehoben, das heißt durch die möglichst kleinsten Zahlen aus-gedrückt sind?

B. Ja, und man hebt sie, indem man die in beiden Gliedern zugleich ent-haltenen Factoren wegläßt; letztere bestimmt man durch Berechnung des größten gemeinschaftlichen Divisors.

A. Was ist ein Verhältniß?

B. Ein Verhältniß ergibt sich aus der Vergleichung zweier Größen. Wenn von vier Größen die beiden ersten sich ebenso untereinander verhalten, als die beiden letzten, so bilden dieselben eine Proportion.

A. Welche Namen haben die Glieder einer Proportion?

B. Mittlere oder äußere Glieder, je nachdem sie in der Mitte oder am Ende stehen. Das Product der mitt-leren ist dem Product der äußeren gleich.

A. Was ist Regel de Tri?

B. Die Regel de Tri besteht immer aus Proportionen, von denen ein unbekanntes Glied zu finden ist. Sie begreift Gesellschafts-, Zinsen-, Dis-conto-, Wechsel-Rechnung u. s. w.

A. Wie erhebt man eine Zahl in ihre Potenzen?

B. Man multiplicirt sie 1, 2, 3... mal hintereinander mit sich selbst. Umgekehrt ist die erste Zahl die Quadrat-, Kubik-, vierte Wurzel u. s. w. von der Potenz.

A. Wie viel Arten Progressionen sind Ihnen bekannt?

B. Deux : les progressions arithmétiques ou par différence, et
les progressions géométriques
ou par quotient.
A. En quoi consistent-elles ?
B. Les progressions arithmétiques
sont des suites de termes, dont
chacun surpasse celui qui le
précède ou le suit d'une même
quantité appelée raison ou différence ; dans les progressions
géométriques, au contraire,
chacun des termes contient celui qui le précède ou s'y trouve
contenu le même nombre de
fois. Ce nombre constant est
la raison ou le quotient de la
progression.   (STOUFF.)

14. L'ALGÈBRE.

A. Avez-vous appris l'algèbre ?
B. Un peu.
A. Les commencements ne vous
ont-ils pas paru arides?
B. Oui; les lettres et les formules
effraient toujours les élèves.

A. C'est cependant ce qui fait la
généralité de cette science.
B. J'en conviens.
A. N'avez-vous pas trouvé très-
simple la notation des exposants et des coëfficients ?
B. Oui ; mais le calcul des poly-
nomes devient souvent très-
compliqué.
A. Savez-vous résoudre les équations du premier degré.
B. Oui.
A Les équations à une inconnue
peuvent déjà servir à résoudre
bien des problèmes intéressants.
B. J'avoue que la solution de ces

B. Es gibt deren zwei : die arithmetische oder Differenzen-Progression,
und die geometrische oder Quotien-
ten-Progression.
A. Worin bestehen dieselben ?
B. Eine arithmetische Progression ist
eine Reihe von Gliedern, wovon das
folgende stets um eine gewisse Größe,
die Verhältniß oder Differenz heißt,
größer ist, als das vorhergehende.
Bei geometrischen Progressionen
hingegen, enthält jedes folgende
Glied stets eben so oft das vorhergehende, oder ist eben so oft in demselben enthalten. Diese constante
Zahl ist das Verhältniß oder der
Quotient der Progression.

14. DIE ALGEBRA.

A. Haben Sie Algebra gelernt?
B. Ein wenig.
A. Die Anfangsgründe schienen Ihnen
wohl sehr trocken ?
B. Ja, die Buchstaben und Formeln
sind immer ein Schreckniß für die
Schüler.
A. Doch liegt eben darin das Allge-
meine dieser Wissenschaft.
B. Das gebe ich zu.
A. Finden Sie nicht auch, daß die
Bezeichnung der Exponenten und
Coefficienten eine höchst einfache ist?
B. Gewiß; aber das Rechnen mit
Polynomen ist oft sehr complicirt.
A. Können Sie Gleichungen des ersten
Grades lösen ?
B. Ja.
A. Gleichungen mit Einer Unbekann-
ten können schon zur Lösung mancher
interessanten Aufgaben dienen.
B. Ich gebe zu, daß solche Fragen sehr

questions serait bien difficile à trouver par l'arithmétique.

A. Les équations à plusieurs inconnues donnent lieu à un bien plus grand nombre de problèmes.

B. Mais la solution de ces équations devient très-compliquée lorsqu'il y a un grand nombre d'inconnues.

A. Vous devez connaître aussi les équations du second degré.

B. Oui ; cependant je n'ai jamais appris à discuter les valeurs des inconnues.

A. Dans ce cas, vous avez fait quelques problèmes sur les maxima et minima.

B. Oui, ils m'ont paru assez curieux.

A. Avez-vous quelque idée des quantités imaginaires ?

B. Je sais ce que c'est; mais je n'ai jamais appris à les calculer.

A. Vous n'avez jamais étudié alors la théorie générale des équations ?

B. Non, je me suis arrêté au binôme de Newton.

A. Vous vous êtes même probablement borné au cas où l'exposant est entier.

B. Oui.

A. C'est un très-bel exemple de développement d'une fonction entière.

B. Je ne puis rien en dire ; car je ne me suis jamais occupé de fonctions ni de développement en série; je n'ai même jamais vu d'application du binôme.

A. Sans doute ; l'algèbre supé-

schwer mit Hülfe der Arithmetik zu lösen wären.

A. Die Gleichungen mit mehreren Unbekannten lassen noch eine weit größere Anzahl von Aufgaben zu.

B. Aber die Lösung dieser Gleichungen wird auch eine höchst verwickelte, bei einer großen Anzahl von Unbekannten.

A. Sie kennen wohl auch die quadratischen Gleichungen?

B. Ja, indeß habe ich nie gelernt, die Werthe der Unbekannten zu behandeln.

A. So? Dann haben Sie wohl auch einige Aufgaben über Maxima und Minima gehabt?

B. Ja, und die kommen mir ganz merkwürdig vor.

A. Wissen Sie etwas von den imaginären Größen?

B. Ich weiß wohl, was man darunter versteht, habe aber nie damit rechnen gelernt.

A. Dann haben Sie sich auch nicht mit der allgemeinen Theorie der Gleichungen beschäftigt?

B. Nein, ich bin nur bis zum binomischen Lehrsatz gekommen.

A. Und darin wahrscheinlich nicht weiter, als zu den ganzen Exponenten.

B. So ist es.

A. Das ist ein sehr schönes Beispiel von der Entwickelung einer ganzen Function.

B. Davon weiß ich nichts zu sagen, denn mit Functionen und Reihenentwickelungen habe ich mich nie abgegeben; ja, ich habe nicht einmal irgend eine Anwendung des Binoms gehabt.

A. Das glaube ich wohl; die höhere

rieure, comme le calcul diffé-
rentiel et intégral, ne trouve ses
plus importantes applications
que dans la géométrie analy-
tique, l'astronomie et la méca-
nique.

B. Pour l'algèbre, je me suis arrêté aux logarithmes.

A. L'emploi des logarithmes est
nécessaire pour résoudre quelques problèmes commerciaux.

B. Vous voulez parler des inté-
rêts composés et des annuités.

A. Précisément.

B. Certes pour ces questions
comme pour beaucoup d'autres,
l'algèbre est une science nécessaire à toutes les personnes qui
ont quelque instruction.

A. C'est pour cela que les jeunes
gens même qui reçoivent une
instruction toute littéraire en
apprennent aussi quelques notions.   (GUYENNET.)

15. LA GÉOMÉTRIE.

Le fils. Mon père, j'ai fini de re-
passer toute la géométrie plane;
me permets-tu d'aller chez mon
ami B. qui m'attend?

Le père. Voyons d'abord si tu
sais bien ce que tu as étudié.
Quel est le théorème relatif à
la somme des angles d'un triangle?

F. Il consiste en ce que la somme
des angles d'un triangle quelconque est égale à deux angles
droits.

P. N'y a-t-il pas un théorème
analogue sur la somme des
angles d'un polygone convexe?

Algebra, so wie Differential- und
Integralrechnung, findet in der That
ihre wichtigsten Anwendungen erst
in der analytischen Geometrie, in
der Astronomie und der Mechanik.

B. In der Algebra bin ich bei den
Logarithmen stehen geblieben.

A. Die Anwendung der Logarithmen
ist nothwendig, um einige Handels-
aufgaben zu lösen.

B. Sie meinen Zinseszinsen und Annui-
täten.

A. Ganz richtig.

B. Gewiß, bei diesen Fragen, so wie
bei vielen andern, ist Algebra für
alle diejenigen nothwendig, die einige wissenschaftliche Bildung besitzen.

A. Eben deßhalb lernen auch diejenigen
jungen Leute Einiges davon, welche
eine durchaus litterarische Ausbil-
dung erhalten.

15. DIE GEOMETRIE.

Der Sohn. Lieber Vater, ich habe
die ganze ebene Geometrie durchstu-
dirt. Darf ich jetzt zu meinem
Freunde B. gehen? er wartet auf
mich.

Der Vater. Nun, wir wollen erst
einmal sehen, ob du auch ordentlich
weißt, was du gelernt hast. Wie
heißt der Lehrsatz über die Summe
der Winkel eines Dreiecks?

S. Der Lehrsatz heißt: die Summe
der Winkel eines beliebigen Dreiecks
ist gleich zweien Rechten.

V. Gibt es nicht einen ähnlichen Lehrsatz über die Winkelsumme eines
convexen Vielecks?

F. En effet ; la somme des angles d'un polygone convexe quelconque est égale à autant de fois deux angles droits que le polygone a de côtés, moins deux.

F. Comment sont disposées l'une par rapport à l'autre les deux diagonales d'un losange ?

F. Ces diagonales se coupent réciproquement en deux parties égales, comme dans tous les parallélogrammes, et de plus elles sont perpendiculaires l'une sur l'autre.

P. Combien faut-il de points pour déterminer une circonférence de cercle ?

F. Il faut trois points ; c'est-à-dire que par trois points non en ligne droite on peut toujours faire passer une circonférence et qu'on n'en peut faire passer qu'une.

P. Quelle est la condition pour qu'un quadrilatère soit inscriptible dans un cercle?

F. Il faut et il suffit que les angles opposés dans le quadrilatère soient supplémentaires.

P. Sur quel théorème repose la mesure des angles ?

F. Sur ce théorème, que les angles sont proportionnels aux arcs compris entre leurs côtés et décrits de leurs sommets comme centres avec le même rayon.

P. Quelle est la propriété caractéristique de la tangente au cercle ?

F. La tangente au cercle est perpendiculaire au rayon qui aboutit au point de tangence ;

S. Ja wohl ; die Summe der Winkel eines beliebigen convexen Vielecks ist eben so viel mal zweien Rechten gleich, als das Vieleck Seiten hat, weniger zwei.

W. Wie verhalten sich die beiden Diagonalen eines Rhombus zu einander?

S. Sie halbiren sich gegenseitig, wie in allen Parallelogrammen, und sind außerdem aufeinander senkrecht.

W. Wie viel Punkte gehören dazu, eine Kreis-Peripherie zu bestimmen?

S. Drei; das heißt, durch drei nicht in einer Geraden liegenden Punkte, kann stets ein Kreis, und zwar nur einer gezogen werden.

W. Was gehört dazu, daß ein Viereck in einen Kreis eingeschrieben werden kann ?

S. Es gehört weiter nichts dazu, als daß die entgegengesetzten Winkel im Viereck Supplementwinkel sind.

W. Auf welchem Lehrsatz beruht das Maß der Winkel ?

S. Darauf, daß die Winkel in demselben Verhältniß zu einander stehen als die Bogen, welche zwischen den Schenkeln der Winkel liegen und von den Scheiteln aus mit demselben Radius beschrieben sind.

W. Welches ist die Haupteigenschaft der Tangente am Kreise ?

S. Die Kreistangente steht senkrecht auf dem Halbmesser, welcher durch den Berührungspunkt geht ; und

et réciproquement, toute droite perpendiculaire à l'extrémité d'un rayon est tangente au cercle.

P. Comment mesure-t-on la surface d'un trapèze?

F. Un trapèze a pour mesure le produit de la demi-somme de ses côtés par leur distance.

P. Quelle est la mesure du cercle?

F. Le cercle a pour mesure le produit de sa circonférence par la moitié de son rayon.

P. Qu'appelle-t-on secteur circulaire?

F. C'est la partie du cercle comprise entre deux rayons et l'arc qu'ils interceptent sur la circonférence.

P. Quelle est sa mesure?

F. Un secteur de cercle a pour mesure l'arc qui lui sert de base multiplié par la moitié du rayon.

P. C'est bien, mon fils, je suis content de toi; je te permets d'aller chez ton ami. Demain nous commencerons l'étude de la géométrie à trois dimensions.   (LAIGLE.)

16. LA PHYSIQUE.

A. Monsieur, je viens de faire un voyage en chemin de fer et je suis encore tout étonné d'avoir fait quinze lieues à l'heure. La physique fait vraiment des prodiges, et je suis tenté de faire comme ces gens qui confondent un physicien et un sorcier.

umgekehrt ist jede auf dem Endpunkte eines Halbmessers senkrecht stehende Linie eine Kreistangente.

B. Wie wird der Flächeninhalt eines Trapezes gemessen?

S. Ein Trapez mißt man mit dem Produkte aus der halben Summe seiner Parallelseiten mit dem Abstand derselben.

B. Welches ist das Maß des Kreises?

S. Das Maß des Kreises ist das Produkt aus der Peripherie mit dem halben Radius.

B. Was nennt man einen Kreisausschnitt?

S. Ein Kreisausschnitt ist ein Theil der Kreisfläche, welcher zwischen zwei Halbmessern und dem von der Peripherie abgeschnittenen Bogen liegt.

B. Welches ist das Maß desselben?

S. Ein Kreisausschnitt hat zum Maße den Bogen, der ihm als Basis dient, mal den halben Radius.

B. Nun, das genügt, mein Sohn, ich bin zufrieden mit dir; ich erlaube dir zu deinem Freunde zu gehen. Morgen wollen wir mit der Stereometrie anfangen.

16. DIE PHYSIK.

A. Herr B., ich bin mit der Eisenbahn gereist und bin noch ganz erstaunt, fünfzehn Stunden in Einer Stunde zurückgelegt zu haben. Die Physik thut wahrlich Wunder, und ich möchte fast, wie gewisse Leute, einen Physiker für einen Hexenmeister halten.

B. Votre admiration est juste, la vapeur fait des merveilles; mais avez-vous fait attention à ces petits fils de fer qui bordent la route ?

A. Oui, monsieur : à quoi servent-ils donc ? Je vous avoue qu'en physique, mon ignorance passe les bornes.

B. Vous paraissez néanmoins avoir le désir de l'étudier.

A. Non pas maintenant, où je n'ai rien à ma disposition ; mais à Paris je trouverai des machines, des appareils qui me faciliteront cette étude.

B. Il n'est pas nécessaire pour cela de retourner à Paris ; sans piles voltaïques, sans machines, sans électroscopes ni batteries, sans tubes ni hélices, sans pompes aspirantes ni foulantes, je puis vous en donner quelques notions.

A. En vérité ! je vous serai bien obligé.

B. Il nous suffira d'un verre d'eau, d'un morceau de bois, de quelques allumettes chimiques et d'une petite clef. A la rigueur, on peut se passer du reste.

A. Vous vous entendez bien, Monsieur, à simplifier les choses; mais je commence à vous croire doublement sorcier, de faire tant de miracles avec des instruments si vulgaires.

B. Cependant, j'en viendrai facilement à bout. Le verre d'eau me servira à faire l'hydrostatique ; nous verrons l'équilibre des liquides, le principe d'Archimède. Si notre morceau de

B. Ihre Bewunderung ist gegründet; der Dampf wirkt Wunder ; aber haben Sie auf die kleinen Eisendrähte geachtet, die sich längs des Weges hinziehen ?

A. Ja wohl; wozu dienen sie denn? Ich muß Ihnen gestehen, daß meine Unwissenheit in der Physik alle Grenzen überschreitet.

B. Sie scheinen indessen Lust zu haben, sie zu studiren.

A. Nicht jetzt, wo mir keine Hülfsmittel zu Gebote stehen ; aber in Paris werde ich Maschinen und Apparate finden, die mir dieses Studium erleichtern können.

B. Sie brauchen darum nicht nach Paris zu gehen ; ohne galvanische Säulen und Maschinen, ohne Elektrophore und Batterien, ohne Röhren und Wasserschrauben, ohne Sauge- und Druckwerk, kann ich Ihnen einen Begriff davon beibringen.

A. Wirklich! Sie werden mich sehr verbinden.

B. Wir brauchen nur ein Glas Wasser, ein Stück Holz, einige Zündhölzer und einen kleinen Schlüssel. Das Uebrige kann man allenfalls entbehren.

A. Sie verstehen sich darauf, die Sachen zu vereinfachen ; aber ich fange an, Sie um so mehr für einen Hexenmeister zu halten, da Sie solche Wunderdinge mit so alltäglichen Mitteln bewirken.

A. Ich werde nichts desto weniger leicht damit zu Stande kommen. Das Glas Wasser soll mir zur Wasserstandslehre dienen ; wir werden das Gleichgewicht flüssiger Körper, den Satz des Archimedes daran

bois surnage, et si notre clef s'enfonce, cela tient à la différence de densité de ces deux substances. Si vous ajoutez aux objets que je viens d'énumérer une pincée de sel, nous verrons encore de nouveaux phénomènes.

A. Et lesquels ?

B. Nous ferons fondre le sel dans l'eau.

A. Mais n'est-ce que cela ?

B. Que cela ! Et le sel en dissolution qui changera la densité du liquide, mon aréomètre qui remontera, la température qui changera. Ce sera une fort belle occasion de vous développper la propagation, la transmission et le rayonnement du calorique. La chaleur me mènera à la lumière : je vous parlerai du système de l'émission et de celui des ondes.

A. Fort bien, Monsieur ; mais ne commencerez-vous point par allumer vos allumettes ?

B. Certainement, et je ferai bouillir l'eau de mon verre ; l'eau se vaporisera, en vertu de sa force élastique, quand celle-ci fera équilibre à la pression de l'atmosphère. Vous verrez en même temps que le verre s'échauffe moins que la clef et qu'il est un moins bon conducteur.

A. Est-ce tout ce que je ferai de la clef ?

B. Non ; quand elle sera refroidie, mettez-la entre vos dents, aspirez l'air et vous aurez une machine pneumatique ; vous comprendrez le vide, la pesan-

setzen. Wenn unser Stück Holz schwimmt, und der Schlüssel untergeht, so liegt dies an dem verschiedenen Grade von Dichtigkeit beider Substanzen. Wenn Sie zu den erwähnten Gegenständen eine Prise Salz hinzufügen, werden wir noch andere Erscheinungen sehen.

A. Und welche ?

B. Wir werden das Salz im Wasser auflösen.

A. Weiter nichts ?

B. Weiter nichts ! Aber das aufgelöste Salz wird die Dichtigkeit des Wassers verändern, mein Luftmesser steigen, die Temperatur wechseln. Das gibt eine herrliche Gelegenheit, Ihnen die Verbreitung, die Leitung und das Ausstrahlen des Wärmestoffs zu erklären. Die Wärme führt mich auf das Licht ; da sprechen wir dann von der Aussendung der Strahlen und der Wellenlehre.

A. Wohl ! aber werden Sie nicht bald Ihre Schwefelhölzer anzünden ?

B. Gewiß, und ich werde das Wasser im Glase kochen lassen ; das Wasser wird sich, vermöge seiner elastischen Kraft verflüchtigen, wenn diese mit dem Druck der Atmosphäre im Gleichgewicht steht. Sie werden dabei sehen, daß das Glas sich weniger erhitzt als der Schlüssel, und nicht so gut leitet.

A. Ist das alles mit dem Schlüssel?

B. Nein ; wenn er kalt ist, so stecken Sie ihn zwischen die Zähne, ziehen Sie die Luft ein, und Sie haben eine Luftpumpe ; Sie werden den leeren Raum, die Schwere der

teur de l'air, le baromètre. De là il n'y aura qu'un pas pour monter en ballon.

A. Vous ne m'avez pas encore dit un mot de l'électricité. Qu'est-ce que l'électricité ?

B. On n'en sait rien au fond; mais on connaît de merveilleux effets de cet agent physique, comme la lumière électrique, entre autres.

A. Vous me parlerez aussi de la lumière, et vous m'expliquerez pourquoi un bâton se brise dans l'eau.

B. C'est en vertu des lois de la réfraction.

A. Je voudrais connaître aussi la météorologie, afin de pouvoir distinguer le vent du nord et le vent du sud.

B. Si vous ne tenez qu'à cela, une girouette vous rendrait le même service; mais je vous ferai voir de fort belles choses dans cette science, comme des étoiles filantes, la lumière boréale, l'arc-en-ciel, la rosée, le mirage, et bien d'autres choses encore.

A. Je ne doute pas que je ne retourne à Paris fort savant, et je saurai, en retournant, en vertu de quelle loi j'irai si vite (VITASSE.)

17. LA CHIMIE.

A. Vous voulez donc étudier la chimie ?

B. J'en ai fortement l'intention.

A. Il faudra vous familiariser d'abord avec le matériel du laboratoire.

Luft, das Barometer verstehen lernen. Dann kostet es nur einen Schritt, in den Ballon zu steigen.

A. Sie haben mir noch nichts über die Elektricität gesagt? Was ist Elektricität ?

B. Man weiß es im Grunde nicht, aber man kennt die wunderbaren Wirkungen dieser physischen Kraft, wie, unter andern, das elektrische Licht.

A. Erklären Sie mir auch das Licht, und warum ein Stab im Wasser gebrochen erscheint.

B. In Folge des Gesetzes von der Strahlenbrechung.

A. Ich möchte auch die Wetterkunde verstehen, um den Nordwind vom Südwind unterscheiden zu können.

B. Wenn Sie weiter nichts wollen, so kann Ihnen eine Wetterfahne genügen; aber ich will Ihnen sehr schöne Sachen in dieser Wissenschaft zeigen, wie zum Beispiel die Sternschnuppen, das Nordlicht, den Regenbogen, den Thau, die Luftspiegelung, und manches andere noch).

A. Ich werde gewiß sehr gelehrt nach Paris zurückkommen, und auf der Rückfahrt verstehen, kraft welches Gesetzes ich so schnell reise.

17. DIE CHEMIE.

A. Sie wollen also Chemie studiren ?

B. Es ist meine ernstliche Absicht.

A. Sie müssen sich zuerst mit dem Material des Laboratoriums vertraut machen.

B. Oh! c'est là une affaire de pratique.

A. En effet. Ballons, cornues, matras, flacons à tubulures, tubes en S. Z. en U., capsules, nacelles, creusets, fourneaux à réverbère, ce sont là des choses qu'il faut avoir maniées.

B. Il n'y a pas là de quoi se rebuter.

A. Certainement. On vous apprendra ensuite les caractères des acides et des bases.

B. Comment les distinguez-vous donc?

A. Les premiers rougissent la teinture de tournesol, les autres la ramènent au bleu.

B. Ce sont donc des substances bien différentes?

A. Oui, et c'est pour cela qu'elles tendent toujours à s'unir pour former des sels, des sulfates, azotates, carbonates par exemple.

B. Les sels d'après cela me paraissent d'une nature assez complexe.

A. Sans doute, car les bases et les acides étant des composés binaires, leurs combinaisons seront quaternaires ou même ternaires.

B. Les éléments qui les forment ne sont donc pas tous différents?

A. Tout le monde sait qu'il n'y a qu'une soixantaine de corps qui entrent dans la constitution de tous les autres.

B. L'air n'est-il pas un corps simple?

A. Il s'en faut; il est formé d'oxygène, gaz nécessaire à la

B. O, das ist Sache der Uebung.

A. In der That. Ballons, Retorten, Glaskolben, Röhrflaschen, S.Z. und Uförmige Röhren, Kapseln, Schiffchen, Schmelztiegel, Streichöfen sind Dinge, die man muß handhaben können.

B. Das ist eben nicht abschreckend.

A. Gewiß nicht. Danach wird man Ihnen die charakteristischen Merkmale der Säuren und Basen zeigen.

B. Wie unterscheiden Sie dieselben?

A. Erstere röthen die Lackmustinktur, letztere färben sie wieder blau.

B. Es sind also sehr verschiedenartige Substanzen?

A. Ja, und deßhalb streben Sie fortwährend nach Vereinigung, um Salze, wie zum Beispiel schwefelsaure, stickstoffsaure und kohlensaure zu bilden.

B. Nach dem was Sie sagen, scheinen mir die Salze von sehr zusammengesetzter Natur zu sein.

A. Das versteht sich, denn die Basen und Säuren sind binäre Verbindungen, und ihre Mischunger quaternär oder sogar ternär.

B. Die Grundstoffe, die sie bilden, sind also nicht alle verschiedener Art?

A. Jedermann weiß, daß es nur ein sechzig Körper gibt, welche die Hauptbestandtheile aller andern ausmachen.

B. Ist die Luft kein einfacher Körper?

A. Weit gefehlt! sie besteht aus Sauerstoff, das zum Athmen nöthig

respiration et d'un autre gaz, l'azote, qui en modère les effets.

B. La composition des végétaux doit être alors bien compliquée?

A. En négligeant les produits accidentels, ils contiennent de l'oxygène, et du gaz hydrogène dont l'union forme l'eau, en plus du carbone.

B. C'est là tout?

A. On y rencontre encore de l'azote, du soufre, des sels tels que des chlorures, et des azotates de potasse et de soude mais en petite quantité; ils constituent les cendres.

B. Les animaux doivent avoir d'autres éléments, vu leur organisation particulière.

A. Outre l'oxygène, l'hydrogène et le carbone ils ne contiennent guère que de l'azote qui entre dans toutes les matières grasses.

B. Jusqu'ici je ne vois guère apparaître que quatre corps simples.

A. Ceux-là sont les plus répandus; ensuite viennent le soufre que l'on trouve à l'état natif dans les solfatares, le chlore qu'on trouve dans le sel marin combiné avec un métal, le sodium.

B. Le sel marin contient donc un métal?

A. Oui, mais ce métal s'altère et s'oxyde au contact de l'eau, comme le potassium qu'on peut extraire du salpêtre.

B. Quels sont donc les autres métaux analogues à ceux-ci?

ist, und aus einem andern Gas, dem Stickstoff, der dessen Wirkung mäßigt.

B. Die Zusammensetzung der Pflanzenkörper muß demnach sehr verwickelt sein?

A. Wenn man von den zufälligen Produkten absieht, so enthalten sie Sauerstoff und Wasserstoffgas, deren Vereinigung Wasser bildet, und außerdem Kohlenstoff.

B. Ist das alles?

A. Man trifft auch Stickstoff an, so wie Schwefel, Salze wie Chlorsalze, und stickstoffsaures Kali und Natron, aber in geringer Menge; sie bilden die Asche.

B. Die Thiere müssen, in Folge ihrer besondern Bildung, aus andern Elementen bestehen.

A. Außer Sauer-, Wasser- und Kohlenstoff enthalten sie nur noch Stickstoff, der in allen fetten Körpern erscheint.

B. Bis jetzt sehe ich nur vier einfache Körper zum Vorschein kommen.

A. Es sind die am meisten verbreiteten; dann kommt der Schwefel, den man im natürlichen Zustande in den Schwefelgruben findet, das Chlor, welches sich im Seesalz mit einem Metall, dem Natrium, combinirt vorfindet.

B. Das Seesalz enthält also ein Metall?

A. Ja, aber dieses Metall zersetzt und orydirt sich, wenn es mit Wasser in Berührung kommt, wie das Potassium, das man aus dem Salpeter ziehen kann.

B. Welches sind die andern verwandten Metalle?

A. Le calcium qui entre dans la composition de tous les terrains crétacés. L'aluminium moins altérable et que recèle l'argile.

B. Jusqu'ici je ne connaissais en fait de métaux que l'argent, l'or, le fer, le cuivre, le plomb, le zinc et l'étain; je n'ai jamais vu ceux dont vous me parlez.

A. Il y a tant d'autres choses que nous n'avons vues ni l'un ni l'autre!			(GERNEZ.)

A. Das Calcium, das im Kreideboden vorkommt; das weniger zersetzbare Aluminium, welches in der Thonerde enthalten ist.

B. Bis jetzt kannte ich, was Metalle betrifft, nur Silber, Gold, Eisen, Kupfer, Blei, Zink und Zinn; die, von denen Sie mir sprechen, habe ich nie gesehen.

A. Es gibt gar manche Dinge, die weder Sie noch ich gesehen haben.

18. LA ZOOLOGIE.

18. DIE ZOOLOGIE.

A. Quelles sont les grandes divisions des corps naturels?

B. On les distingue en trois règnes, sous les noms de minéraux, végétaux, animaux.

A. Ces deux derniers groupes ne diffèrent-ils pas essentiellement du premier ?

B. Oui, ce sont des corps organisés.

A. Et les animaux? Quelle différence ont-ils avec les plantes?

C. C'est qu'ils sentent et se meuvent volontairement.

A. Je veux aujourd'hui vous entretenir sur la zoologie.

B. Bien volontiers. C'est la branche la plus intéressante de l'histoire naturelle.

A. Le zoologiste étudie d'abord la structure des corps : c'est de l'anatomie. Il pénètre aussi dans les fonctions des animaux : c'est de la physiologie. Les caractères qu'il en tire servent à la classification. Citez-moi les fonctions que vous connaissez.

A. Welches sind die Hauptabtheilungen der Naturkörper ?

B. Man unterscheidet drei Reiche, unter den Namen Mineral-, Pflanzen- und Thierreich.

A. Sind die beiden letzten Abtheilungen nicht wesentlich von der ersten verschieden ?

B. Ja, es sind organisirte Körper.

A. Und die Thiere? Wie unterscheiden sie sich von den Pflanzen ?

B. Sie fühlen und bewegen sich von freien Stücken.

A. Heute wollen wir etwas über Thierkunde sprechen.

B. Sehr gern. Es ist der anziehendste Zweig der Naturgeschichte.

A. Der Zoolog studirt zuerst den Bau der Körper : das ist Anatomie. Er ergründet auch die Verrichtungen der Thiere : das ist Physiologie. Die Kennzeichen, die er daraus entnimmt, dienen zur Classificirung. Nennen Sie mir die Verrichtungen, welche Sie kennen.

B. La digestion, la circulation du sang, la respiration.

A. Oui, ce sont les principales fonctions de nutrition. N'oubliez pas non plus la structure des nerfs, leur rapport avec la volonté. Quoi de plus admirable que nos sens dont vous avez étudié les organes!

B. J'admire surtout l'oreille et l'œil.

A. A côte de ces faits mystérieux vous trouvez des phénomènes d'un ordre plus élevé.

B. Vous voulez parler de l'instinct des animaux et de leur intelligence.

A. Précisément. Les nids des oiseaux, les migrations, la prévoyance de l'avenir, l'industrie des castors en sont des exemples frappants.

B. Je sais aussi qu'on distingue, dans la classification, des individus, des espèces, des ordres, des classes, des tribus et des embranchements.

A. Les animaux sont divisés en quatre embranchements. Pourriez-vous me donner des exemples des vertébrés?

B. Oui; les mammifères, comme l'homme, le cheval, la baleine; les oiseaux, les reptiles, les poissons.

A. Et parmi les annelés qui forment le second embranchement?

B. Les insectes, comme l'abeille, le papillon et la mouche; les araignées, les écrevisses, les vers.

A. Bien. L'huitre vous donne un exemple des mollusques. Enfin le corail et les éponges définis-

B. Die Verdauung, der Blutumlauf, das Athemholen.

A. Wohl, dies sind die Hauptverrichtungen der Ernährung. Vergessen Sie aber auch nicht den Bau der Nerven, ihr Verhältniß zum Willen. Gibt es etwas Bewundernswertheres als unsere Sinne, deren Organe Sie studirt haben?

B. Ich bewundre besonders das Ohr und das Auge.

A. Neben diesen geheimnißvollen Thatsachen werden Sie andere Erscheinungen höherer Art finden.

B. Sie meinen den Instinkt und die Klugheit der Thiere.

A. Richtig. Die Vogelnester, die Wanderungen, die Sorge für die Zukunft, die Geschicklichkeit der Biber sind sprechende Beweise davon.

B. Ich weiß, daß man in der Classification Individuen, Gattungen, Ordnungen, Klassen, Arten und Unterarten unterscheidet.

A. Die Thiere werden in vier Abtheilungen gebracht. Können Sie mir Beispiele von Wirbelthieren geben?

B. O ja; die Säugethiere, wie der Mensch, das Pferd, der Wallfisch; die Vögel, die Amphibien, die Fische.

A. Und unter den Ringelthieren, welche die zweite Abtheilung bilden?

B. Die Insekten, wie die Biene, der Schmetterling und die Fliege; die Spinnen, Krebse und Würmer.

A. Gut. Die Auster gibt Ihnen ein Beispiel von den Weichthieren. Endlich bestimmen die Korallen und

sent le quatrième et dernier embranchement, celui des zoophytes.

Ici nous touchons aux limites du règne végétal. (DALIMIER.)

bie Schwämme bie vierte unb letzte, bie ber Pflanzenthiere.

Hier stehen wir an ber Grenze bes Pflanzenreichs.

19. LA BOTANIQUE.

Demande. Monsieur, voudriez-vous me dire ce qu'on entend par la botanique?

Réponse. Bien volontiers; c'est la science du règne végétal.

— Savoir la botanique, c'est connaitre le mode d'existence et de reproduction des plantes, leurs noms et leurs propriétés.

D. Ce doit être une étude immense, car il n'est pas de lieu sur la terre qui n'ait son cortége de végétaux.

R. En effet; on ne compte pas moins de cent mille espèces de végétaux dans l'univers.

D. Auriez-vous maintenant l'obligeance de me faire le tableau de la vie d'une plante?

R. La plante nait d'une graine : cette graine au bout de peu de temps qu'elle est en terre, fait sortir d'elle-même deux tiges : dont l'une s'accroit de haut en bas, c'est la racine; l'autre de bas en haut, destinée à former le corps de la plante.

D. Cette partie sort en effet bientôt de terre; mais que devient-elle?

R. D'abord simple, elle donne bientôt naissance à des appendices auxquels on donne les noms divers de branches, de

19. DIE BOTANIK.

Frage. Hätten Sie wohl bie Güte mir zu sagen, was man unter Botanik versteht?

Antwort. Sehr gern; es ist bie wissenschaftliche Betrachtung bes Pflanzenreichs.

— Die Pflanzenkunde verstehen, heißt bie Art bes Daseins unb ber Weiterzeugung ber Pflanzen, so wie ihre Namen unb Eigenschaften kennen.

F. Das muß ein ungeheures Stubium sein, benn es gibt keinen Ort auf ber Erbe, ber nicht seinen eignen Pflanzenwuchs hat.

A. In ber That; man zählt nicht weniger als hunbert tausenb Pflanzenarten auf ber Welt.

F. Hätten Sie wohl bie Gefälligkeit, mir ein Bilb von bem Leben einer Pflanze zu entwerfen?

A. Die Pflanze entsteht aus bem Samen : bieser Samen treibt, kurze Zeit nachbem er in bie Erbe gelegt worben, von selbst zwei Stengel : ber eine wächst von oben nach unten, bies ist bie Wurzel; ber anbere von unten nach oben, ist bazu bestimmt ben Körper ber Pflanze zu bilben.

F. Dieser Theil erhebt sich in ber That balb aus ber Erbe; aber was wird aus ihm?

A. Zuerst ist er einfach, aber balb erzeugt er Anfätze, bie man, je nach ihrer Natur, Zweige, Aeste ober Blätter nennt.

rameaux, et enfin de feuilles, suivant leur nature.

D. Ces appendices sont-ils placés sans ordre et au hasard sur la tige même ?

R. Non, la nature offre ici un exemple de plus de l'ordre admirable qui régit l'univers : les branches sur la tige, les rameaux sur les branches, les feuilles sur les rameaux sont disposés avec le plus grand ordre, je dirais presque avec une régularité mathématique.

D. Cela est en effet merveilleux, et cependant ce fait passe inaperçu.

R. Les tiges présentent des différences dans la durée de leur existence. Certaines tiges ne durent que quelques mois : ce ce sont celles des herbes et autres plantes semblables; elles sont appelées herbacées. Les tiges des arbrisseaux et des arbres sont au contraire vivaces ; c'est-à-dire qu'elles peuvent vivre plusieurs années.

D. Ces tiges se développent en hauteur et en largeur ; pour cela elles doivent puiser de la nourriture quelque part et la distribuer dans leurs organes intérieurs.

R. En effet, on découvre trois fluides circulant dans les plantes. Deux servent principalement à l'accroissement des tiges : savoir la sève, fluide sans couleur et sans saveur; et le cambium, fluide épais, logé dans des canaux particuliers. La sève, tirée de la terre aux dépens des liqueurs salines

F. Stehen diese Ansätze ohne Ordnung und wie von ungefähr auf dem Hauptstengel ?

A. Nein, die Natur bietet hier abermals ein Beispiel von der bewundernswerthen Ordnung, die das Weltall regiert : die Zweige auf dem Stiel, die Aeste auf den Zweigen, die Blätter auf den Aesten sind in größter Ordnung, ich möchte sagen, mit mathematischer Regelmäßigkeit vertheilt.

F. Das ist wirklich merkwürdig, und doch achtet man nicht einmal darauf.

A. Die Stengel bieten Verschiedenheiten, in Betreff ihrer Dauer. Gewisse Stengel dauern nur einige Monate, wie zum Beispiel die der Kräuter und andrer ähnlicher Pflanzen, die man krautartige nennt. Die Stengel der Stauden und Bäume sind im Gegentheil perennirend d. h. sie können mehrere Jahre bauern.

F. Diese Stiele entwickeln sich der Höhe und der Breite nach ; sie müssen also irgendwo Nahrung einnehmen, und sie ihren inneren Organen mittheilen.

A. Gewiß; man bemerkt drei Flüssigkeiten, die in den Pflanzen umlaufen. Zwei dienen vorzüglich zum Wachsthum der Stengel, nämlich der Saft, eine farb- und geschmacklose Flüssigkeit ; und das Cambium, eine dicke Flüssigkeit, die in besonderen Kanälen heimisch ist. Der Saft, welcher der Erde, auf Kosten der salzigen Flüssigkeiten, die sie

qu'elle contient, s'élève dans des fibres ou tuyaux, accolés les unes aux autres, et recouvertes d'une écorce. Chaque année la tige a de nouvelles fibres qui se forment sous l'écorce. Le bois nouveau s'appelle aubier ; l'écorce s'accroît dans un sens contraire, c'est-à-dire intérieurement ; c'est la moëlle qui du centre de l'arbre lui fournit la substance qui lui est nécessaire.

D. Permettez-moi de compléter ce court exposé sur les tiges, en disant que les unes sont rampantes ; que d'autres, pour se soutenir montent en spirale autour des végétaux les plus robustes, comme fait le houblon (on les appelle tiges entortillées) ; d'autres sont dites grimpantes, elles ont des vrilles, ou fils végétaux avec lesquels ils s'attachent à tout ce qui peut leur servir de support.

R. Nous pourrions entrer dans beaucoup d'autres détails, sur la forme des tiges, leur mode d'accroissement, la disposition des feuilles sur les rameaux, et leur structure propre ; mais arrivons à des notions plus importantes.

D. Je crois en effet qu'il vaut mieux attirer notre attention sur ce qui semble offrir le plus d'attrait dans une plante.

R. Vous voulez parler de la fleur : les fleurs viennent après les feuilles. Elles composent l'ensemble des organes chargés de la production et de la féconda-

enthält, entnommen ist, steigt in Fasern oder Röhren, die aneinander kleben und mit Rinde bedeckt sind, in die Höhe. Jedes Jahr hat der Stengel neue Fasern, die sich unter der Rinde bilden. Das junge Holz heißt Splint ; die Rinde wächst im entgegengesetzten Sinn, d. h. inwendig ; das Mark, im Mittelpunkt des Baumes, gibt ihm die ihm nöthige Substanz.

F. Erlauben Sie mir, diese Uebersicht zu vervollständigen, und hinzuzufügen, daß einige Stengel kriechend sind ; daß andere, um sich aufrecht zu erhalten, sich spiralförmig um stärkere Gewächse winden, wie zum Beispiel der Hopfen (sie heißen Windepflanzen) ; daß andere, Schlingpflanzen genannt, Ranken oder Schlingfäden haben, mit welchen sie sich an alles schmiegen, was ihnen zur Stütze dienen kann.

A. Wir könnten noch auf manches näher eingehen, wie auf die Gestalt der Stengel, die Art ihres Wachsthums, die Lage ihrer Blätter auf den Zweigen, und ihren eigenen Bau ; wir wollen aber lieber zu etwas Wichtigerm übergehen.

F. Ich glaube auch, daß es besser ist, unsre Aufmerksamkeit auf Dinge zu lenken, die bei einer Pflanze das meiste Interesse erregen.

A. Sie meinen die Blüthe : die Blüthen kommen nach den Blättern. Sie bilden die Gesammtheit der Organe, die Erzeugung und Befruchtung bezwecken. Eine Blüthe

tion. Une fleur se compose d'un calice, d'une corolle, d'étamines, d'un ou plusieurs pistils.

D. Le calice, n'est-ce pas la partie destinée à protéger la fleur, formant le bas et ordinairement de la même couleur que les feuilles, et composé d'une ou plusieurs parties charnues?

R. Précisément, et la corolle est ce qui constitue la fleur; elle est simple ou composée de plusieurs pièces : c'est la corolle qui affecte tant de formes gracieuses, et de couleurs charmantes. Si la corolle est composée de plusieurs parties, chacune d'elles s'appelle pétale.

D. De là viennent sans doute les noms de corolle monopétale, corolle polypétale?

— Mais cette petite colonne placée au milieu de la corolle, et surmontée d'un bourrelet?

R. C'est le pistil; la partie inférieure s'appelle l'ovaire, et renferme les germes de la graine ou granules : au dessus est le style, qui forme la petite colonne, et le bourrelet est le stigmate.

D. Enfin les étamines sont, je pense, ces filets portant à leur partie supérieure deux capsules jointes ensemble et formant l'anthère.

R. Cette anthère renferme une poussière appelée pollen; pour que la plante soit fécondée, il faut que ce pollen se répande sur le stigmate.

D. Je crois que c'est là le dernier terme de l'épanouissement de

besteht aus einem Kelch, einer Krone, aus Staubfäden und einem oder mehreren Staubwegen.

F. Ist der Kelch nicht derjenige Theil, welcher zum Schutz der Blüthe bestimmt ist, den untern Theil bildet, gewöhnlich die Farbe der Blätter hat, und aus einem oder mehreren fleischigen Theilen zusammengesetzt ist?

A. So ist es; und die Krone ist recht eigentlich die Blüthe, sie ist einfach oder aus mehreren Stücken zusammengesetzt. Die Krone ist es, die so viel zierliche Gestalten und reizende Farben annimmt. Besteht die Krone aus mehreren Theilen, so heißt jeder Kronenblatt.

F. Daher kommen wohl die Namen einblättrige und vielblättrige Krone?

— Aber was ist das für eine kleine Säule, die mitten in der Krone steht und sich wulstförmig endigt?

A. Es ist das Pistill; der unterste Theil heißt der Eierstock und enthält den Keim zu dem Samen oder die Keimkörnchen; darüber befindet sich der Griffel, welcher die kleine Säule bildet, und das Hütchen ist die Narbe.

F. Die Staubfäden endlich sind, so meine ich, jene Fädchen, die an ihrem Obertheile zwei zusammengefügte Kapseln haben, die den Staubbeutel bilden.

A. Dieser Staubbeutel enthält einen Staub, der Blüthenstaub genannt wird; soll die Pflanze befruchtet werden, so muß dieser Staub sich in die Narbe setzen.

F. Es scheint mir, dies ist der letzte Punkt der Entwicklung der Pflan-

la plante : car j'ai cru obser-
ver que dès que le pistil com-
mençait à grossir, et par con-
séquent les granules de l'inté-
rieur à se développer, les étamines, le pistil et la corolle se
flétrissaient.

R. Vous avez raison; dès ce moment la graine grossit à son
tour et toute seule; le fruit est
formé, et l'agréable a fait place
à l'utile. (TABATTE.)

20. LA GÉOLOGIE.

**Conversation entre un père et son fils
dans une tranchée de chemin de fer.**

F. Pourquoi donc le terrain pré-
sente-t-il ici ces lignes horizontales qui se poursuivent tout
le long de la tranchée?

P. Mon fils, les géologues ont
donné à ces couches le nom de
terrain de sédiment.

F. D'où vient cette dénomination?

P. On dit terrain sédimentaire
par opposition aux roches que
l'on aperçoit en grand, dans
l'Auvergne sur le plateau central et qui sont dites roches
éruptives. Ces terrains sédimen-
taires représentent en grand
ce que l'on aperçoit après une
pluie d'orage sur le bord des
ruisseaux.

F. Mais comment se fait-il que
ces couches que vous attribuez
à des dépôts formés par les
eaux soient quelquefois inclinées?

P. Cela tient à des mouvements
du sol. Ces lignes inclinées ont
d'abord été horizontales; elles

ze, denn ich glaube bemerkt zu haben, daß so wie das Pistill an-
schwillt, und folglich die Körner
sich im Innern entwickeln, die
Staubfäden, das Pistill und die
Krone verwelken.

A. Sie haben recht; von diesem Augenblick an, nimmt der Same seiner-
seits und allein zu; die Frucht ist
gebildet, und das Angenehme weicht
dem Nützlichen.

20. DIE GEOLOGIE.

**Unterredung zwischen Vater und Sohn
in einem Eisenbahngraben.**

S. Warum bietet der Erdboden hier
solche wagerechte Linien, die sich den
ganzen Graben entlang hinziehen?

V. Liebes Kind, die Geologen nennen
diese Schichten Sedimenterde oder
Flözschichten.

S. Woher kommt diese Benennung?

V. Man sagt Flözschichten im Gegen-
satz zu den Felsarten, die man im
Großen in der Auvergne auf der
Central-Hochebene erblickt, und die
vulkanische Gesteine genannt werden. Diese Flözschichten stellen im
Großen vor, was man nach einem
Gewitterregen am Ufer der Bäche
sieht.

S. Aber wie kommt es, daß diese
Schichten, die du Niederschlägen zu-
schreibst, die das Wasser gebildet
hätte, manchmal vonlegig sind?

V. Dies rührt von der Bewegung des
Bodens her. Diese vonlegigen Linien
waren vordem wagerecht; erst nach

ne se sont relevées qu'après leur formation.

F. La tranchée ne présente point partout la même apparence.

P. C'est que tout le terrain n'a pas été formé dans les mêmes circonstances. A la partie supérieure tu vois la terre végétale, et immédiatement une épaisseur assez considérable de cailloux roulés. Le plus petit effort suffit pour les désagréger. Cette couche vers le milieu est feuilletée présentant ainsi le caractère de l'ardoise. En bas la matière est plus continue, et forme ce que l'on appelle une roche compacte dure ; c'est la pierre à bâtir.

F. Et ces couches, sont-elles très-étendues ?

P. Elles sont loin d'être partout visibles. D'abord elles ne peuvent exister dans cette continuité que tu remarques ici, que dans le bassin de la mer qui les a déposées, et même dans ce bassin elles peuvent disparaître à l'œil ; elles sont alors cachées par d'autres qui sont venues les recouvrir, ou bien elles ont été ravinées par des phénomènes qui ont suivi l'époque de leur dépôt.

F. Comment reconnaitre ces couches dans les différents pays ?

P. C'est au moyen des caractères stratégraphiques, paléontologiques et minéralogiques.

F. Qu'entendez-vous par le mot paléontologique qui me semble bien long? Il ne doit guère être employé que par les savants qui l'ont inventé.

ihrer Bildung haben sie sich gehoben.

S. Der Graben hat nicht überall dasselbe Aussehen.

B. Weil der Boden nicht unter denselben Umständen gebildet ward. Auf dem obersten Theil siehst du Dammerde, und unmittelbar darunter eine ziemlich beträchtliche Lage von abgerundeten Kieselsteinen. Man kann sie mit geringer Mühe trennen. Die Schicht in der Mitte ist blätterig, und hat also den Charakter des Thonschiefers. Unten ist die Materie zusammenhängender, und bildet, was man hartes Gestein heißt ; also Bausteine.

S. Sind diese Schichten sehr ausgedehnt?

B. Sie sind bei weitem nicht überall sichtbar. Erstlich können sie in solchem Zusammenhang, wie du ihn hier bemerkst, nur in dem Meeresbecken vorkommen, das sie abgelagert hat, und selbst in diesem Becken können sie dem Auge entgehen ; sie sind alsdann durch andere versteckt, die sie wieder bedeckt haben, oder sie sind durch Natur-Ereignisse ausgeschwemmt worden, die nach ihrer Ablagerung stattgefunden haben.

S. Woran erkennt man die Schichten in den verschiedenen Ländern?

B. An stratigraphischen, paläontologischen und mineralogischen Kennzeichen.

S. Was verstehst du unter paläontologisch? Ein ziemlich langes Wort! das wohl nur von den Gelehrten gebraucht wird, die es erfunden haben.

P. Ces mots, tout étranges qu'ils peuvent te paraître, sont très-bien choisis parce qu'ils rappellent immédiatement la chose dont on s'occupe. La Paléontologie a pour but l'étude des êtres anciens.

F. Les animaux qui vivaient autrefois sont-ils bien différents de ceux qui vivent aujourd'hui?

P. Les animaux anciens avaient en général des dimensions plus considérables, à en juger d'après les restes que l'on a observés. Les uns trouvent encore leurs analogues dans la série des êtres actuels. Certains genres sont complétement perdus, comme les ammonites.

F. Quand nous serons arrivés à Lunéville, je veux, moi aussi, rechercher les fossiles et les étudier. A quel terrain géologique appartient notre arrondissement?

P. On lui donne le nom général de Trias. Il renferme à la partie supérieure les marnes irisées, puis le Muschelkalk ou calcaire à coquilles, et enfin le grès bigarré. Lunéville est en plein dans le Muschelkalk. Vers la fin des vacances nous irons à Dieuze.

F. Est-ce que le terrain y présente quelque chose de particulier?

P. C'est là que l'on exploite le sel gemme.

F. Allons-nous descendre aussi dans la mine?

P. Si cela te fait plaisir.

F. Oh! certainement. Je m'en réjouis déjà d'avance.

B. Diese Ausdrücke, die dir seltsam scheinen mögen, sind dennoch sehr gut gewählt, weil sie sofort an das erinnern, womit man sich beschäftigt. Die Paläontologie hat das Studium der vormaligen Wesen zum Zweck.

S. Waren die Thiere, die vormals lebten, sehr von den heut zu Tage lebenden verschieden?

B. Die vormaligen Thiere waren, nach den beobachteten Ueberbleibseln zu schließen, im allgemeinen bedeutend größer. Einige haben Aehnlichkeit mit noch jetzt lebenden Thieren. Gewisse Gattungen sind gänzlich verschwunden, wie z. B. die Ammoniten.

S. Wenn wir in Lüneville angekommen sind, will ich nach Versteinerungen (Fossilien) suchen und sie studiren. Zu welcher Gebirgsart gehört unser Bezirk?

B. Man benennt ihn mit dem allgemeinen Namen Trias. Der oberste Theil enthält schillernde Mergelerde, dann kommt Muschelkalk, und zuletzt bunter Sandstein. Lüneville ruht ganz auf Muschelkalk. Gegen das Ende der Ferien wollen wir nach Dieuze gehen.

S. Bietet der Boden dort etwas Besonderes?

B. Es wird Steinsalz zu Tage gefördert.

S. Werden wir auch in den Schacht fahren?

B. Wenn es dir Vergnügen macht.

S. O gewiß! Ich freue mich schon im voraus darauf.

— Mais dites-moi donc, mon cher père, sait-on bien quel est l'âge d'un minéral?

P. Les terrains de sédiment sont les seuls qui permettent d'établir avec certitude l'ordre chronologique, tandis que les roches volcaniques et plutoniennes, peuvent surgir dans toutes les périodes.

F. Ne distingue-t-on pas des périodes principales?

P. Oui. Mais à quoi bon te les nommer?

F. Je retiendrai au moins les noms.

P. Eh bien! puisque tu le veux absolument, prête-moi toute ton attention. Voici:

1° Les formations les plus récentes, terrains postdiluviens: tourbe, alluvions, sable et limon, certains calcaires, des grès.

2° Terrains diluviens: Ce sont principalement des cailloux roulés, des dépôts de laque, du gravier.

3° Époque tertiaire: les différentes couches, tantôt de formation marine, tantôt de formation d'eau douce renfermant du calcaire, des grès, des marnes, de l'argile et du gypse. Elles s'étendent au pied des Apennins, en Sicile, dans le bassin de Paris, près de Londres, en Touraine, etc.

4° Groupe crétacé: craie, grès propre à faire des carreaux, argile Wealdienne.

5° Terrains Jurassique et Lias: calcaire de Portland, argile d'Oxford, calcaire du Ju-

— Aber sage mir doch, lieber Vater, weiß man genau, wie alt eine Steinart ist?

B. Die geschichteten Gebirgsarten allein gestatten die Aufstellung einer wirklichen Altersfolge, während die vulkanischen und plutonischen Gesteine in allen Perioden auftreten können.

S. Unterscheidet man nicht gewisse Hauptperioden?

B. Doch! aber wozu nützte es, sie dir zu nennen?

S. Ich kann mir wenigstens die Namen merken.

B. Nun, wenn du es durchaus willst, so höre fleißig zu. Es gibt:

1° jüngste, postdiluvianische Bildungen: Torf, Dammerde, Sand und Schlamm, gewisse Kalke und Sandsteine;

2° diluvianische Bildungen: besonders Gerölle, Lehm und Kies;

3° tertiäre Bildungen: die verschiedenen, bald aus Süßwasser, bald aus Meerwasser abgesetzten Kalk-, Sandstein-, Mergel-, Thon- und Gypsschichten am Fuße der Apenninen, in Sicilien, in den Umgebungen von Paris, London, Wien, in der Touraine u. s. w.;

4° Kreideperiode: Kreide, Quadersandstein, Wälderthon;

5° Jura- und Liasperiode: Portlandkalk, Oxfordthon, Jurakalk, Liassandstein, Kalke und Schiefer;

ra, grès du Lias, calcaire et schistes.

6° Grés du Trias, Muschelkalk, avec gypse et sel gemme, grès bigarré.

7° Kupferschiefer, schiste bitumineux, Zechstein, la couche appelée Todtliegendes.

8° Houille schisteuse, houille granulaire, grès houiller, calcaire de montagne.

9° Terrains de transition : Grauwacke, calcaire de transition, schiste argileux.

F. (ne dit rien.)

P. (continuant :) Si tu fais un jour un voyage en Allemagne, remarque ce que je vais te dire :

— Chez nos voisins d'outre-Rhin, on entend par géognosie la connaissance acquise par l'observation de la structure intérieure de la terre.

— En France on n'emploie presque jamais ce mot, et pour nous la géologie embrasse à la fois l'observation et la théorie.

— M'as-tu compris ?

F. (Il ronfle.)

P. (le secouant.) Je crois vraiment que tu dors.

F. Point du tout, mon père.

P. Eh bien ! Qu'ai-je dit ?

F. Eaux douces... eaux de la mer...

P. Bien ! Tu as au moins dormi un quart d'heure. Tu promets de faire un excellent géologue.

(BRACONNIER.)

6° Keupersandstein, Muschelkalk sammt Gyps und Steinsalz, bunter Sandstein;

7° Kupferschiefer, bituminöser Kalk, Zechstein, sogenanntes Todtliegendes;

8° Kohlenschiefer, Steinkohle, Kohlensandstein, Bergkalk, und

9° Uebergangsgebirge : Grauwacke, Uebergangskalk, Thonschiefer.

S. (sagt nichts.)

V. (fährt fort.) Wenn du einmal nach Deutschland reisest, so merke dir noch folgendes :

— Bei unsern überrheinischen Nachbarn versteht man unter Geognosie die durch Beobachtungen gewonnene Kenntniß von dem innern Bau der Erde.

— Wir Franzosen bedienen uns dieses Wortes fast gar nicht, und verstehen unter Geologie den Inbegriff alles Beobachteten und Theoretischen.

— Hast du mich verstanden ?

S. (schnarcht.)

V. (schüttelt ihn.) Ich glaube gar, du schläfst.

S. Bewahre ! lieber Vater.

V. Nun! Was habe ich gesagt?

S. Süßwasser... Meerwasser...

V. Schon ! du hast wenigstens eine Viertelstunde geschlafen. Das verspricht einen tüchtigen Geologen !

21. L'ASTRONOMIE.

D. Avez-vous appris l'astronomie dans vos études ?

R. Oui, mais il y a longtemps.

D. Eh bien! alors, je vous demande la permission de vous adresser quelques questions.

R. Je tâcherai d'y répondre autant que mes souvenirs me le permettront.

D. Qu'est-ce que c'est que les étoiles ?

R. Les astronomes disent que ce sont des globes comme le soleil, mais si éloignés de la terre, qu'il est difficile de s'en faire une idée exacte.

D. Quelle est donc cette distance ?

R. Les plus proches sont à plus de 200,000 fois la distance de la terre au soleil, et cette distance elle-même est énorme.

— La lumière qui parcourt 80,900 lieues en une seconde, met plus de 3 ans pour arriver de la plus rapprochée jusqu'à nous.

D. En ce cas cette étoile s'anéantirait aujourd'hui que nous la verrions encore dans 3 ans ?

R. Certainement.

D. Et combien y a-t-il d'étoiles dans le ciel ?

R. Leur nombre est incalculable; il y en a de plusieurs grandeurs et de diverses couleurs; il y en a de blanches, de rouges, de jaunes, de vertes et de bleues.

— Il y a des étoiles qui changent de couleur, d'autres paraissent dans le ciel pendant un certain

21. DIE ASTRONOMIE.

F. Haben Sie astronomische Studien getrieben?

A. Ja, es ist aber lange her.

F. Nun, so erlauben Sie mir wohl, einige Fragen an Sie zu richten.

A. Ich werde suchen, sie zu beantworten, so weit es mein Gedächtniß mir erlaubt.

F. Wie sind die Sterne beschaffen?

A. Die Astronomen sagen : es sind kugelförmige Körper, wie die Sonne, aber so weit von der Erde entfernt, daß es schwer ist, sich eine richtige Idee davon zu machen.

F. Wie groß ist denn diese Entfernung?

A. Die nächsten sind mehr als 200,000 mal weiter, als die Entfernung der Sonne von der Erde, und diese Entfernung selbst ist ungeheuer groß.

— Das Licht, das 80,000 Stunden in einer Sekunde durcheilt, braucht drei Jahre, um von dem nächsten bis zu uns zu gelangen.

F. Wenn also dieser Stern in das Nichts zurücksänke, so könnten wir ihn noch drei Jahre lang sehen?

A. Gewiß.

F. Und wie viel Sterne gibt es am Himmel?

A. Ihre Zahl ist unberechenbar; es gibt deren von verschiedenen Größen und Farben , weiße, rothe, gelbe, grüne und blaue.

— Es gibt Sterne, die ihre Farbe verändern; andere erscheinen eine Zeitlang am Himmel und ver-

temps et disparaissent ensuite; mais celles-ci sont en petit nombre.

D. Qu'est-ce que c'est que la voie lactée?

R. C'est une zone brillante, dont l'éclat est dû à une infinité de petites étoiles très-voisines les unes des autres.

D. D'où vient que ces étoiles semblent tourner autour de la terre, comme si elles étaient fixées sur une sphère matérielle?

R. C'est précisément parce que la terre tourne; de même que lorsque nous sommes sur un chemin de fer, nous voyons les arbres animés d'un mouvement opposé à celui qui nous entraîne.

D. Mais il y a des étoiles qui semblent se déplacer par rapport à celles qui les environnent?

R. Oui, ces étoiles sont des planètes.

D. Quelle différence y a-t-il entre les étoiles et les planètes?

R. Les planètes sont des astres qui tournent autour du soleil et qui n'ont pas de lumière propre; tandis que les étoiles ont une lumière qui leur appartient et restent immobiles.

D. Combien y a-t-il de planètes?

R. Il y en a un assez bon nombre; les plus remarquables sont : Mercure, Vénus, la Terre, Mars, Vesta, Junon, Cérès, Pallas, Jupiter, Saturne, Uranus et Neptune.

D. La terre est donc une planète?

R. Oui, car elle tourne autour du soleil et fait sa révolution dans 365 jours.

---

schwinden dann wieder; diese aber sind in geringer Anzahl.

F. Was ist die Milchstraße?

A. Es ist ein glänzender Gürtel, dessen Licht von einer Menge kleiner, dicht gesäeter Sterne herrührt.

F. Wie kommt es, daß diese Sterne sich um die Erde zu drehen scheinen, als ob sie auf einer körperlichen Sphäre befestigt wären?

A. Das kommt eben von der Umdrehung der Erde her; gerade so sehen wir auf einer Eisenbahn die Bäume von einer Bewegung fortgerissen, die derjenigen entgegengesetzt ist, die uns forttreibt.

F. Aber es gibt Sterne, die ihren Stand gegen die sie umgebenden zu verändern scheinen.

A. Ja, diese Sterne sind Planeten.

F. Welcher Unterschied ist zwischen Fixsternen und Wandelsternen?

A. Die Planeten sind Gestirne, die sich um die Sonne drehen, und kein eigenes Licht haben; während die Fixsterne ihr eignes Licht haben und unbeweglich bleiben.

F. Wie viel Planeten gibt es?

A. Es gibt deren ziemlich viel; die merkwürdigsten sind : Merkur, Venus, die Erde, Mars, Vesta, Juno, Ceres, Pallas, Jupiter, Saturn, Uranus und Neptun.

F. Die Erde ist also ein Planet?

A. Ja, denn sie bewegt sich um die Sonne und bewirkt diese Umwälzung in 365 Tagen.

D. Quelle est la distance de la terre au soleil ?

R. Elle est de 24,000 fois la longueur du rayon de la terre. Il faudrait trois ans pour y aller en chemin de fer.

D. La lune est-elle une planète ?

R. Pas précisément. C'est un astre qui est éclairé par le soleil, mais qui suit la terre dans sa révolution, en tournant autour d'elle. On l'appelle à cause de cela, le satellite de la terre. Jupiter en a quatre, Saturne en a huit, plus un anneau qui entoure la planète.

D. Que pensez-vous de ces astres qu'on appelle comètes ?

R. Ce sont des corps célestes dont les uns paraissent une fois pour ne plus revenir, et dont les autres reviennent périodiquement, toutefois après des intervalles plus ou moins longs.

D. En quoi ces astres diffèrent-ils des planètes ?

R. D'abord par leur forme et par leur volume prodigieux ; ensuite, par leur marche dans le ciel : tandis que les planètes tournent autour du soleil dans le même sens, et se trouvent peu éloignées du plan de l'orbite terrestre, l'écliptique, les comètes décrivent des courbes sur ce plan, et dans tous les sens.

D. De quoi sont-elles formées ?

R. La matière qui les constitue est si subtile, qu'elle laisse passer la lumière des étoiles qui se trouvent derrière elles; elle diffère donc beaucoup de celle dont les planètes sont formées.

F. Wie groß ist die Entfernung der Erde von der Sonne?

A. Sie beträgt 24,000 mal die Länge des Halbmessers der Erde. Man brauchte drei Jahre, um auf der Eisenbahn dahin zu kommen.

F. Ist der Mond ein Planet?

A. Das gerade nicht. Der Mond wird von der Sonne erleuchtet, aber folgt der Erde in ihrer Umwälzung, indem er sich um dieselbe dreht. Deßhalb nennt man ihn den Trabanten der Erde. Jupiter hat deren vier, Saturn acht, und außerdem einen Ring, der den Planeten umgibt.

F. Für was halten Sie die Gestirne, die man Kometen nennt?

A. Es sind Himmelskörper, wovon einige einmal erscheinen, um nie wiederzukommen, während andere regelmäßig, jedoch nach mehr oder minder langen Zeiträumen, wiederkehren.

F. Worin unterscheiden sie sich von den Planeten?

A. Erstlich durch ihre Gestalt und ihre erstaunliche Größe ; dann durch ihre Bahnen am Himmel : während nämlich die Planeten sich in derselben Richtung um die Sonne bewegen, und sich der Ebene der Erdbahn, der Ecliptik, nahe halten, beschreiben die Haarsterne krumme Linien auf dieser Ebene und in allen möglichen Richtungen.

F. Woraus sind sie gebildet?

A. Die Materie, aus der sie bestehen, ist so fein, daß sie das Licht der Sterne hinter ihnen sehen läßt; sie ist also von der, welche die Planeten bildet, sehr verschieden.

D. Quelles espèces de courbes décrivent les planètes?

F. Was für krumme Linien beschreiben die Planeten?

R. Elles décrivent des ellipses dont le soleil occupe un des foyers.

A. Sie beschreiben Ellipsen, von denen die Sonne einen der Brennpunkte einnimmt.

D. D'où vient qu'elles tournent toutes autour du soleil?

F. Warum drehen sie sich um die Sonne?

R. Parce que celui-ci les attire avec une force qui diminue en raison du carré de la distance.

A. Weil diese sie mit einer Kraft anzieht, die im Verhältniß des Quadrats der Entfernung abnimmt.

D. Quelle est la grandeur du soleil?

F. Wie groß ist die Sonne?

R. Le soleil est 1,400,000 fois plus grand que la terre.

A. Sie ist 1,400,000 mal größer als die Erde.

D. A quelle distance se trouve la lune de la terre?

F. Wie weit ist der Mond von der Erde entfernt?

R. Elle est environ à 80,000 lieues de nous.

A. Ungefähr 80,000 Stunden.

D. L'astronomie est-elle utile aux hommes?

F. Ist die Sternkunde den Menschen nützlich?

R. Elle rend des services importants dans l'agriculture, entre autres, en ce qu'elle fait connaitre rigoureusement le commencement et la durée de chaque saison, et leur retour périodique.

A. Sie leistet wichtige Dienste, unter andern beim Ackerbau, indem sie den Anfang und die Dauer jeder Jahreszeit und ihre periodische Wiederkehr kennen lehrt.

— Mais c'est surtout dans la navigation qu'elle est indispensable. On dirige les vaisseaux sur l'immensité de l'océan en consultant la lune et les étoiles. Sans l'astronomie il n'y aurait pas de navigation au long cours possible; l'on serait réduit à se livrer au cabotage, comme faisaient les anciens. (DADIÈS.)

— Besonders nothwendig aber ist sie für die Schifffahrt. Man lenkt die Schiffe auf dem unermeßlichen Ozean, indem man Mond und Sterne zu Rathe zieht. Ohne die Astronomie wären keine längeren Seereisen möglich, und man müßte, wie die Alten, sich mit Küstenfahrten begnügen.

22. LA GYMNASTIQUE.

22. DIE TURNKUNST.

A. Voulez-vous aller avec moi au gymnase?

A. Wollen Sie mit mir auf den Turnplatz gehen?

B. Volontiers, il y a longtemps

B. Gern; ich wünschte schon lange

que je désire prendre des leçons.

A. Il ne tient qu'à vous de commencer dès aujourd'hui.

B. Sommes-nous bientôt arrivés ?

A. Nous y voici.

B. Les élèves sont-ils nombreux ?

A. Oui, assez; on prend goût
maintenant à la gymnastique.

B. Par quoi commence-t-on ?

A. Par enlever des poids; essayez
vos forces.

B. Vraiment, je me croyais plus
fort, je ne peux enlever celui-
là; il n'est pourtant pas lourd.

A. C'est que vous manquez d'habitude, mais cela viendra vite;
vous avez de bons bras.

B. Qu'allons-nous faire maintenant?

A Le trapèze; ce n'est pas un
exercice facile pour un com-
mençant et vous avez besoin de
faire des progrès pour réussir.

B. Cependant je vais essayer.

A. Je suis de votre avis; il faut
essayer de tout.

B. Je suis brisé.

A. Ce n'est rien ; après quelques
leçons, vous ferez tout cela
sans effort.

B. Je ne sais si je pourrai bien
sauter au tremplin, j'ai les
jarrets trop fatigués.

A. Allons! un bon élan, et quand
vous sautez, lancez les bras en
avant.

B. Vous avez raison, j'ai sauté
plus loin que je ne croyais.

A. Ce n'est pas mal ; mais en
tombant, il faut avoir soin de
réunir les talons et de fléchir
les jambes.

B. Est-ce mieux cette fois?

Unterricht zu nehmen.

A. Es steht bei Ihnen, noch heute an-
zufangen.

B. Sind wir bald angelangt?

A. Wir sind da.

B. Sind viel Turner da?

A. Ja, so ziemlich; man fängt an,
Freude am Turnen zu finden.

B. Worin übt man sich zuerst?

A. Am Heben von Gewichten; versuchen Sie Ihre Kraft.

B. Wahrhaftig, ich dachte stärker zu
sein, ich kann dies nicht heben; es ist
doch eben nicht schwer.

A. Das kommt vom Mangel an Ge-
wohnheit her, aber es wird sich bald
machen; Sie haben tüchtige Arme.

B. Was machen wir nun?

A. Uebungen am Reck; es sind nicht
die leichtesten für einen Anfänger,
und Sie müssen Fortschritte machen,
wenn es gut gehen soll.

B. Ich will indeß versuchen.

A. Ich bin Ihrer Meinung; man
muß Alles versuchen.

B. Ich bin wie zerschlagen.

A. Das hat nichts auf sich; nach einigen Lectionen werden Sie das Alles
ohne Anstrengung machen.

B. Ich weiß nicht, ob ich auf dem
Schwungbrett springen kann, meine
Beine sind schon müde.

A. Vorwärts! einen tüchtigen Anlauf,
und wenn sie springen, werfen Sie
die Arme vorwärts.

B. Sie haben recht, ich bin weiter
gesprungen, als ich dachte.

A. Es ist nicht übel, aber beim Nie-
derfallen müssen Sie die Hacken
zusammen bringen und die Kniee
biegen.

B. Ist es diesmal besser?

A. Oui. Maintenant essayez de franchir le cheval.

B. Mais n'y a-t-il point de danger?

A. Il ne faut pas être si poltron; d'ailleurs il n'y a rien à craindre, le moniteur est là pour vous retenir.

B. Je ne suis pas fâché d'avoir fini cet exercice.

A. Eh bien! comment vont les haltères?

B. Je sue sang et eau; ils sont d'une lourdeur!

A. C'est un des meilleurs exercices, il met en jeu les bras, les reins et la poitrine.

B. Oui, mais avec un pareil travail, je peux compter sur une bonne courbature.

A. Il faut bien faire votre apprentissage. Voulez-vous marcher avec moi sur le portique?

B. Non, je craindrais d'avoir le vertige.

A. Alors, essayez un peu de la balançoire.

B. Merci, j'ai trop besoin de repos.

A. Comme vous voudrez. La prochaine fois nous monterons à l'échelle de corde; nous marcherons sur la poutre suspendue et nous ferons bien d'autres exercices encore. (FOUCART.)

23. LES ÉCHECS.

B. Jouez-vous aux échecs?

A. Bien peu.

B. Voulez-vous faire une partie avec moi?

A. Volontiers. Quelles pièces me rendrez-vous?

A. Ja. Jetzt versuchen Sie den Riesensprung.

B. Ist aber auch keine Gefahr dabei?

A. Sie müssen nicht so furchtsam sein; übrigens ist keine Gefahr, denn der Vorturner fängt Sie auf.

B. Ich bin froh, daß ich mit dieser Uebung fertig bin.

A. Nun! wie geht es mit den Hanteln?

B. Ich schwitze Blut und Wasser; sie sind gar zu schwer.

A. Das ist eine der besten Uebungen, sie setzt Arme, Kreuz und Brust in Thätigkeit.

B. Ja, aber nach einer solchen Anstrengung werde ich gewiß ganz zerschlagen sein.

A. Sie müssen schon Lehrgeld bezahlen. Wollen Sie mit mir auf die Mähe steigen?

B. Nein, ich fürchte einen Schwindel zu bekommen.

A. So versuchen Sie es mit der Wippe.

B. Danke, ich bedarf der Ruhe.

A. Nach Belieben. Das nächste Mal wollen wir die Strickleiter erklimmen, auf dem Schwebebaum einherschreiten, und noch andere Turnübungen vornehmen.

23. DAS SCHACHSPIEL.

B. Spielen Sie Schach?

A. Sehr wenig.

B. Wollen Sie eine Partie mit mir machen?

A. Mit Vergnügen. Welche Figuren geben Sie mir vor?

B. Choisissez.

B. Wählen Sie.

A. Les deux tours.

A. Die beiden Thürme.

B. C'est beaucoup. Je vous rends un cavalier et un fou.

B. Das ist viel. Ich gebe Ihnen einen einen Springer und einen Läufer vor.

A. Non. J'aime mieux une tour et un fou.

A. Nein; lieber einen Thurm und einen Läufer.

B. A vous l'attaque.

B. Ziehen Sie an.

A. Pion du roi deux pas en avant.

A. Den Königsbauern zwei Schritte vor.

B. Vous prenez le début régulier.

B. Sie fangen nach der Regel an.

A. Pion de la dame un pas en avant.

A. Den Bauern der Königin einen Schritt vor.

B. Attention. Pièce touchée, pièce jouée.

B. Geben Sie Acht. Berührt ist so gut als gezogen.

A. La reine à la troisième du fou du roi.

A. Die Königin auf das dritte Feld des Königsläufers.

B. Le cavalier du roi à la troisième de la tour.

B. Den Königsspringer auf das dritte des Thurms.

A. Le fou du roi à la quatrième du fou de la reine.

A. Den Königsläufer auf das vierte Feld des Läufers der Königin.

B. J'ai prévu le mat du berger.

B. Ich habe das Schäfermatt vorausgesehen.

A. Je roque.

A. Ich rochire.

B. Vous ne pouvez pas roquer.

B. Sie dürfen nicht rochiren.

A. Pourquoi?

A. Warum?

B. La case du fou du roi est commandée.

B. Das Feld des Königsläufers ist bedroht.

A. Échec à la reine.

A. Schach der Königin.

B. Échec au roi.

B. Schach dem König.

A. Ce pion doublé me fera perdre.

A. Durch diesen Doppelbauern werde ich verlieren.

B. Le cavalier prend la tour et fait échec à la découverte.

B. Der Springer nimmt den Thurm und bietet ein aufgedecktes Schach.

A. C'est un coup de Jarnac.

A. Das ist ein Judaszug.

B. Échec et mat.

B. Schach und matt.

A. A la revanche!

A. Die Gegenpartie!

B. Je vous rends cette fois les deux tours.

B. Diesmal gebe ich Ihnen beide Thürme vor.

A. A vous l'attaque.

A. Ziehen Sie an.

B. Je vais jouer le Gambit de la reine.

B. Ich spiele das Gambit der Königin.

A. Je ne le connais pas.

A. Das kenne ich nicht.

B. Les blancs sont dans une triste position.	B. Die weißen stehen schlecht.
A. Le pion du roi prend en passant.	A. Der Königsbauer nimmt im Vorübergehen.
B. Mais les noirs iront bientôt à dame.	B. Aber die schwarzen werden bald in die Dame ziehen.
A. Je fais échange de reine.	A. Ich tausche die Königin ab.
B. Cela ne vous sauvera pas.	B. Das kann Sie nicht retten.
A. Le pion de la tour deux pas en avant.	A. Den Thurmbauern zwei Schritte vor.
B. Peine inutile. Échec et mat.	B. Vergebene Mühe! Schach und matt.
A. C'est le mat étouffé.	A. Das ist ein ersticktes Matt.
B. Le cavalier peut seul donner ce mat.	B. Der Springer allein kann Matt geben.
A. Ce cavalier m'a perdu.	A. Dieser Springer hat mein Spiel verdorben.
B. Vous auriez pu peut-être faire partie nulle.	B. Sie hätten vielleicht die Partie remise machen können.
A. Vous m'aviez déjà pris trop de pièces.	A. Sie hatten mir schon zu viel Figuren genommen.
B. Il fallait essayer de faire votre roi pat.	B. Sie hätten suchen sollen, ihren König patt zu machen.
A. Quand dit-on que le roi est pat?	A. Wann sagt man: der König ist patt.
B. Lorsque, n'étant pas en échec, et toutes les autres pièces étant prises ou dans l'impossibilité de se mouvoir, il ne peut lui-même jouer sans se mettre en échec. (CHAPTAL.)	B. Wenn er nicht im Schach steht und alle andern Figuren genommen sind oder sich nicht bewegen können, und er selbst nicht spielen kann, ohne in Schach zu kommen.

24. VOYAGE PENDANT LES VACANCES.	**24. EINE FERIENREISE.**
A. Vous m'avez dit que vous alliez faire un voyage en Allemagne : quand partez-vous ?	A. Sie sagten mir, Sie wollten eine Reise nach Deutschland machen; wann reisen Sie ab?
B. Je pars lundi prochain à huit heures du matin, et je me rends directement à Munich.	B. Nächsten Montag, Morgens um acht Uhr; ich gehe direkt nach München.
A. Voulez-vous m'accepter pour compagnon de voyage?	A. Wollen Sie mich zum Reisegefährten annehmen?

B. Je serais enchanté de voyager en votre compagnie.

A. Eh bien ! j'irai avec vous. N'ayant jamais quitté Paris, et pouvant disposer de moi, je profite avec joie de votre bonté. Comment voyagez-vous ?

B. Par le chemin de fer jusqu'à Strasbourg.

A. Il faut avouer que j'ai bien du bonheur. Depuis longtemps déjà je désirais rouler dans un vagon, sur la voie ferrée.

B. C'est un plaisir que vous aurez bientôt. En attendant je vous avertis que je prends les premières : on y est plus mollement assis et on sent moins les fatigues du voyage.

A. C'est bien : je vous suis partout. Lundi je viens vous prendre à l'heure convenue, pour aller à la gare du chemin de fer de Strasbourg.

B. Venez une heure plus tôt. Nous déjeunerons ensemble, puis nous partirons avec nos malles et nos paquets.

A. C'est entendu. Adieu, Monsieur.

B. Adieu. A lundi, sept heures précises du matin.

—

B. Nous voici à la gare. Voyez comme elle est grande et spacieuse ! Quels immenses magasins ! Prenons nos billets et entrons dans la salle d'attente.

A. Nous sommes en avance de vingt minutes. Le convoi qui vient de Strasbourg n'est pas même encore arrivé.

B. Le voici. La locomotive, près d'arriver, marche avec lenteur.

B. Es sollte mich sehr freuen, in Ihrer Gesellschaft zu reisen.

A. Nun, so reise ich mit Ihnen. Ich habe nie Paris verlassen, und da ich freie Zeit habe, so benutze ich Ihr gütiges Anerbieten mit Freuden. Wie reisen Sie?

B. Mit der Eisenbahn bis nach Straßburg.

A. Ich muß gestehen, daß mir das Glück wohl will. Seit lange schon wünschte ich in einem Waggen auf der Eisenbahn einherzurollen.

B. Dieses Vergnügen werden Sie bald genießen. Unterdessen muß ich Ihnen aber sagen, daß ich nur erste Plätze nehme : man sitzt bequemer, und fühlt die Strapazen der Reise weniger.

A. Wohl! ich folge Ihnen überall. Montag hole ich Sie zur bestimmten Stunde nach dem Bahnhof der Straßburger Eisenbahn ab.

B. Kommen Sie eine Stunde früher. Wir wollen mit einander frühstücken, und dann mit unsern Koffern und Reisesäcken abfahren.

A. Abgemacht. Leben Sie wohl.

B. Auf Wiedersehen. Montag früh, Schlag sieben Uhr.

—

B. Da sind wir am Bahnhof. Sehen Sie, wie groß und geräumig er ist! Welche ungeheuren Magazine! Nehmen wir unsere Billette und treten wir in den Wartesaal.

A. Wir haben noch zwanzig Minuten. Der Zug von Straßburg ist noch nicht einmal angekommen.

B. Da ist er. Der Dampfwagen wird gleich anhalten, er fährt ganz langsam.

A. Je suis saisi d'admiration, quand je pense que c'est la force seule de la vapeur qui traîne tant de voitures attachées les unes aux autres.

B. Oui, une chaudière, un peu d'eau, du charbon de terre, et un chauffeur qui gouverne tout cela, voilà ce qui ébranle cette pesante masse.

A. Vous oubliez la cheminée, qui sert bien à quelque chose; et les roues et le mécanisme qui les fait mouvoir.

B. Regardez ce train de marchandises qui arrive. Voyez comme il change de rails et à l'aide de l'aiguille passe sous ce hangar.

A. Bon! voici le coup de sonnette: les portes s'ouvrent. Tout le monde se précipite. Montons dans les wagons.

B. Adieu, Paris. Les employés ont fermé les portières. Le coup de sifflet, signal du départ, a retenti. La machine se met en mouvement.

A. Bientôt elle nous emportera avec une vitesse surprenante.

B. Dans une heure à peu près nous pourrons descendre à une station dont je ne sais pas le nom, et nous promener pendant dix minutes.

A. Dix minutes! ce n'est pas beaucoup. J'espère qu'on nous accordera un peu plus de temps pour notre déjeuner.

B. Oui, une demi-heure peut-être.

A. Il faudra s'en contenter. D'ailleurs on pourra se refaire ce soir en dînant bien à Strasbourg.

A. Ich bin von Bewunderung ergriffen, wenn ich bedenke, daß die Kraft des Dampfes allein so viel aneinander gekettete Wagen fortschleppt.

B. Ja, ein Dampfkessel, Wasser, Steinkohlen, ein Maschinenführer, der das alles regiert, mehr ist nicht nöthig, um diese schwere Masse in Bewegung zu setzen.

A. Sie vergessen den Schornstein, der auch seinen Nutzen hat, und die Räder und den Mechanismus, der sie in Schwung setzt.

B. Sehen Sie den Güterzug, der dort ankommt. Wie er die Schienen wechselt, und mit Hülfe der Weiche unter dieses Schirmdach fährt.

A. Horch! es klingelt: man öffnet die Thüren. Alles stürzt hinaus. Steigen wir in die Waggons.

B. Leb wohl, Paris. Die Wärter haben die Schläge zugemacht. Die Pfeife, das Zeichen zur Abfahrt, ertönt. Die Maschine setzt sich in Bewegung.

A. Bald wird sie uns mit reißender Schnelligkeit davonführen.

B. Ungefähr in einer Stunde können wir auf einer Station absteigen, von der ich nicht den Namen weiß, und dort zehn Minuten lang spazieren gehen.

A. Nur zehn Minuten! das ist nicht lange. Ich hoffe, man gönnt uns etwas mehr Zeit zum Frühstücken.

B. Ja, vielleicht eine halbe Stunde.

A. Wir werden uns damit begnügen müssen. Uebrigens können wir uns heute Abend in Straßburg bei einem guten Essen wieder erholen.

B. Soyez tranquille à cet égard. Je connais une hôtellerie où l'on ne peut être mieux pour son argent.

A. Ah! bon dieu! quelle obscurité! On dirait que nous entrons dans les entrailles de la terre.

B. C'est un tunnel. La montagne, que vous avez vue tout à l'heure, ne pouvant être tournée, on l'a percée.

A. J'ai éprouvé, je ne le cache pas, une sensation peu agréable.

B. Rien d'étonnant: vous avez été surpris. Mais, j'y pense, avez-vous eu soin de prendre un passe-port?

A. Sans doute je m'en suis procuré un chez l'ambassadeur de Bavière et je l'ai fait viser à la préfecture de police.

B. C'est bien, vous êtes en règle. Vous passerez à la douane. C'est que les douaniers sont de terribles gens qui ne connaissent que leur consigne.

A. Mais une fois que nous aurons franchi la frontière, comment continuerons-nous notre route?

B. Après avoir quitté le débarcadère du chemin de fer, et nous être reposés deux ou trois jours à Strasbourg, nous passerons le pont de Kehl.

A. Je verrai donc le Rhin.

B. Arrivés en Allemagne, je crois que nous serons obligés de recourir aux diligences.

A. Je n'en serai pas trop fâché. Nous irons moins vite et nous pourrons jeter les yeux sur les

B. Seien Sie barüber außer Sorgen. Ich kenne einen Gasthof, wo man für sein Geld nicht besser sein kann.

A. Lieber Gott! Welche Finsterniß! Es ist als ob wir in den Schooß der Erde hinein führen.

B. Es ist ein Tunnel. Der Berg, ben Sie vorher gesehen haben, konnte nicht umgangen werden, so hat man ihn gesprengt.

A. Ich muß sagen, baß ich einen sehr unangenehmen Eindruck verspürt habe.

B. Kein Wunder; Sie waren überrascht. Was ich sagen wollte, haben Sie auch baran gebacht, einen Paß zu nehmen?

A. Gewiß. Ich habe mir einen bei bem bayrischen Gesandten verschafft, und ihn auf bem Polizeiamt visiren lassen.

B. Gut, Ihre Papiere sind in Ordnung. Sie müssen vor bas Zollamt, und bie Zollbeamten sind unleibliche Menschen, bie nichts als ihre Orbre kennen.

A. Wenn wir einmal über bie Grenze sind, wie setzen wir bann unsre Reise fort?

B. Wenn wir ben Bahnhof verlassen, und uns zwei ober brei Tage in Straßburg ausgeruht haben, so gehen wir über bie Rheinbrücke bei Kehl.

A. Ich werde also ben Rhein sehen.

B. In Deutschland angelangt, werden wir wohl mit ben Eilwagen fahren müssen.

A. Das soll mir nicht leib thun. Wir werben langsamer fahren, und bas Land, bas wir bereisen, in Augen-

pays par où nous passerons.

B. Ce sera d'autant plus agréable que nous serons en pays étranger, où sans doute nous trouverons beaucoup de sites et de paysages nouveaux.

A. D'ailleurs il me semble que nous serons aussi commodément qu'ici dans le coupé d'une diligence. Où et comment retiendrez-vous les places?

B. Je ne sais pas trop. Nous nous arrangerons à Strasbourg.

A. En effet, pourquoi s'inquiéter d'avance? Il vaut mieux admirer le magnifique paysage qui se déroule devant nous...

B. Et qui disparaît si vite.

A. Regardez : voici maintenant que nous passons au-dessus d'une vallée, au-dessus des arbres et des villages. Quel magnifique pont! combien il a d'arches, et comme elles sont solides!

— Quelle chute nous ferions, si le convoi déraillait!

B. Mon Dieu, partout l'on est exposé à mille accidents : et il y a autant de postillons maladroits ou de chevaux rétifs, que de chauffeurs imprudents.

A. Sans doute. C'est une sotte idée qui m'a passé par la tête.

B. Oh! bien alors, vous n'êtes pas au bout de vos peines, car je compte bien en revenant de Munich en France, descendre avec vous le Rhin sur un bateau à vapeur. Craindrez-vous qu'il ne saute?

A. Non pas. Pourvu qu'on ne chauffe pas trop, la chaudière n'éclatera point. Et puis y son-

---

...schein nehmen können.

B. Das soll mir um so angenehmer sein, als wir in einem fremden Lande sein werden, wo wir gewiß eine Menge neuer Gegenden und Landschaften finden.

A. Uebrigens glaube ich, daß wir im Cabriolet eines Eilwagens eben so bequem sitzen werden, wie hier. Wo und wie bestellen Sie die Plätze?

B. Ich weiß noch nicht. Das wird sich in Straßburg finden.

A. Sie haben recht, warum sich im voraus darum kümmern? Bewundern wir lieber die herrliche Landschaft, die vor uns ausgebreitet liegt.

B. Und so schnell verschwindet.

A. Sehen Sie doch. Da fahren wir über ein Thal, über Bäume und Dörfer weg. Welche prächtige Brücke! Wie viel Bogen sie hat, und wie fest sie da stehen!

— Welchen Fall wir thäten, wenn der Zug aus den Schienen ginge!

B. Mein Gott, man ist überall tausend Unfällen ausgesetzt, und es gibt eben so viel ungeschickte Postillone und stätische Pferde, als unvorsichtige Zugführer.

A. Ganz gewiß. Es war ein dummer Einfall von mir.

B. Oh! Sie sind noch nicht am Ende Ihrer Leiden, denn ich beabsichtige, auf der Rückreise von München nach Frankreich, den Rhein abwärts mit dem Dampfschiff zu fahren. Fürchten Sie nicht, daß es in die Luft springen wird?

A. O nein! Wenn man nicht zu scharf heizt, wird der Kessel nicht springen. Auch werde ich an so etwas nicht

gerai-je? Je serai tout entier à la nouveauté du spectacle; les mâts, les cordages, les voiles, les mousses, le gouvernail, les roues, le clapotement des flots, tout cela m'occupera.

B. D'ailleurs le capitaine du vaisseau ne sera-t-il pas là?

A. C'est vrai. Mais nous voyageons par la pensée, et nous ne jouissons pas du voyage que nous faisons maintenant. Nous devons être près de Strasbourg.

B. Je n'en suis pas fâché. Car je commence à avoir appétit.

A. Et moi aussi. Je compte faire honneur au dîner.

B. Ce dîner sera pour nous un avant-goût de la cuisine allemande.

A. Je crains bien que dans les auberges allemandes d'outre-Rhin nous ne regrettions souvent les dîners de Paris.

B. Pas tant que vous le pensez. Mais nous voici arrivés au débarcadère. Faisons mettre nos malles dans une voiture et cherchons un gîte pour cette nuit. (REMY.)

denken. Ich werde ganz diesem mir neuen Schauspiele hingegeben sein; Maste, Tauwerk, Segel, Schiffs-jungen, Steuerruder, Räder und Wellenschlag, alles das wird mich beschäftigen.

B. Ueberdies haben wir nicht den Schiffs-Capitän?

A. Ganz recht. Aber wir reisen in Gedanken, und genießen der gegenwärtigen Fahrt nicht. Wir müssen nahe bei Straßburg sein.

B. Das ist mir schon recht, denn ich fange an, Hunger zu spüren.

A. Ich auch. Ich will es mir gehörig schmecken lassen.

B. Dieses Mittagessen wird uns einen Vorschmack von der deutschen Küche geben.

A. Ich fürchte sehr, daß wir uns in den deutschen Gasthäusern jenseit des Rheins nach der pariser Küche zurücksehnen werden.

B. Nicht so sehr, als Sie meinen. Aber da sind wir am Bahnhof angelangt. Lassen wir unsre Koffer in einen Wagen bringen, und suchen wir ein Nachtlager.

25. ARRIVÉE, DOUANE, HOTEL.

A. Arriverons-nous bientôt?

B. Dans une demi-heure à peu près.

A. Ah! vraiment! je n'en suis pas fâché.

B. Voici la dernière station. On va vous demander votre billet.

A. Nous n'allons pas tarder à entrer dans la gare. Tenez, voilà le débarcadère.

25. ANKUNFT, ZOLLAMT, GASTHOF.

A. Sind wir bald angelangt?

B. In etwa einer halben Stunde.

A. So! das ist so übel nicht.

B. Hier ist die letzte Station. Man wird Ihnen Ihr Billet abverlangen.

A. Wir werden gleich bei der Einfahrt anlangen. Sehen Sie, da ist der Bahnhof.

D. Vos passeports, Messieurs, s'il vous plaît.

— Veuillez exhiber vos passeports.

A. Quand nous les rendra-t-on ?

D. Quand ils seront visés. Vous les viendrez prendre au bureau de police.

—

B. Très bien. Maintenant finissons-en avec les douaniers !

A. Bah, vous n'êtes pas encore près de commencer ! Ces messieurs ne seront à votre disposition que dans deux heures au plus tôt.

B. Ce retard est bien fâcheux. Que de temps perdu !

— Enfin, voici la douane ouverte.

— Veuillez, s'il vous plait, visiter nos malles le plus vite possible.

D. Chacun son tour, Monsieur. De la patience !

A. C'est juste. Tenez, voici nos clefs ; mais ayez soin de ne pas trop bouleverser nos effets. La plus petite clef est celle qui ouvre le cadenas de mon sac de nuit ; voici celle de la valise ; et ces deux-ci sont pour cette malle que vous voyez là avec le carton à chapeau.

— Cette clef ne va pas à la serrure.

A. Allez chercher un serrurier.

D. Si vous avez quelque objet sujet aux droits, vous feriez bien de le déclarer d'avance. Étoffes, gants, bas de soie, bijoux, tabac, eau de Cologne, etc., tout cela paie.

— Vous ne pouvez pas avoir avec vous plus de cinq cents cigares pour votre consommation : et

---

B. Ihre Pässe, meine Herren.

— Zeigen Sie Ihre Pässe vor.

A. Wann bekommen wir sie wieder?

B. Wenn sie visirt sind. Sie müssen sie auf dem Polizeiamt abholen.

—

B. Wohl. Machen wir mit den Zollbeamten ein Ende.

A. Oho! wir haben kaum angefangen. Diese Herren werden frühestens in zwei Stunden zu Ihrer Verfügung stehen.

B. Dieser Verzug ist sehr unangenehm. Welcher unnütze Zeitverlust!

— Endlich ist das Zollamt offen.

— Untersuchen Sie gefälligst unsre Koffer so schnell als möglich.

B. Einer nach dem andern. Etwas Geduld!

A. Schon recht. Da sind unsre Schlüssel; werfen Sie aber unsre Sachen nicht durcheinander. Der kleinste Schlüssel ist der zum Vorhangeschloß am Nachtsack; hier ist der zum Felleisen, und diese beiden gehören zum Koffer, der neben der Hutschachtel steht.

— Dieser Schlüssel paßt nicht.

A. Holen Sie den Schlosser.

B. Wenn Sie steuerpflichtige Sachen haben, so declariren Sie sie vorher. Zeuge, Handschuhe, seidne Strümpfe, Schmucksachen, Tabac, kölnisches Wasser, u. s. w. alles das zahlt Eingangsrechte.

— Sie dürfen nicht mehr als fünfhundert Cigarren zu Ihrem Verbrauch bei sich führen, und nur

c'est à condition de payer à l'octroi la cinquième partie de leur valeur.

— Qu'y a-t-il dans cette cassette?

B. Rien qui soit sujet aux droits. Je n'ai pas l'intention de frauder la douane ni de faire de la contrebande.

D. C'est un écrin.

A. J'avais ces bijoux avant mon voyage.

D. Rien ne le prouve, et notre devoir est de veiller à ce que...

A. Vous êtes bien rigoureux.

D. Que voulez-vous? La loi est formelle.

A. Dans ce cas, combien faut-il payer d'entrée pour le tout?

D. Déclarez par écrit combien valent ces articles.

— Appréciez-les d'une manière raisonnable : sans cela, nous serions obligés de ne pas les laisser passer du tout.

A. Où est le receveur?

D. Voici votre reçu, Monsieur.

— Ceci est prohibé : nous devons le saisir.

B. Et nous le perdre! Comme c'est agréable!

D. Maintenant vous êtes en règle.

—

A. Enfin nous voilà débarrassés de cette fatigante et coûteuse cérémonie. Ce n'est pas malheureux !

B. Il s'agit à présent de trouver un hôtel. Où irions-nous bien?

A. Les adresses ne manquent pas : nous n'avons que l'embarras du choix.

B. Mon Dieu, nous serons écor-

---

unter der Bedingung den fünften Theil ihres Werthes ans Steueramt zu bezahlen.

— Was ist in dieser Schatulle?

B. Nichts steuerbares. Ich bin nicht Willens, das Zollamt zu betrügen und Contrebande einzuführen.

3. Es ist ein Schmuckkästchen.

A. Ich hatte diese Sachen schon vor meiner Abreise.

3. Wie beweisen Sie das? Unsre Pflicht erheischt darauf zu sehen, daß...

A. Sie sind sehr streng.

3. Ei was! das Gesetz will es so.

A. Wie viel habe ich also für Alles an Eingangsrechten zu bezahlen?

3. Declariren Sie schriftlich den Werth dieser Gegenstände.

— Schätzen Sie dieselben nach Billigkeit ab, sonst könnten wir sie durchaus nicht passiren lassen.

A. Wo ist der Einnehmer?

3. Hier ist der Empfangschein.

— Dies ist verboten : wir nehmen es in Beschlag.

B. Und wir verlieren es! Wie angenehm !

3. Jetzt ist alles in Richtigkeit.

—

A. Endlich sind wir dieser langweiligen und kostspieligen Förmlichkeiten entledigt. Gott sei's gedankt!

B. Jetzt handelt es sich darum, einen Gasthof zu finden. Wo kehren wir ein?

A. An Abressen fehlt es nicht : wir brauchen nur zu wählen.

B. Lieber Gott, man wird uns in ei-

chés aussi bien dans l'un que dans l'autre : ainsi,. à l'aventure. Une mauvaise nuit est bientôt passée.

G. Voulez-vous venir à l'hôtel d'Allemagne, Messieurs? c'est le meilleur; le service est parfait, les prix modérés.

A. Laissons-nous tromper par ces promesses, et allons.

G. Vous serez contents de nous, Messieurs, j'en suis sûr.

A. Nous voilà arrivés. Garçon, montez nos bagages dans les chambres qui nous sont destinées

G. Ces Messieurs veulent-ils une chambre à deux lits ?

B. Oui, au fait! Mais montrez-nous la carte auparavant, que nous mangions un morceau.

— Voyons, que prendrions-nous bien?... rôti de bœuf.., filet de veau.., rognons sautés.., pâté de volailles, etc... et puis différents légumes....

A. Ma foi, je trouve cette carte un peu solide; mon appétit n'est pas des plus vifs, et vous?

B. J'ai plutôt besoin de repos : diligence, bateau à vapeur, chemin de fer, m'ont tellement remué, cahoté, secoué, que je n'en puis plus.

A. Alors ne prenons qu'un léger à-compte sur notre souper, et demain nous réparerons ce repas manqué.

B. C'est cela. Garçon!

G. Voilà, Monsieur! Que désire Monsieur?

B. Une bouteille de bordeaux, du meilleur, entendez-vous? et quelques biscuits.

nein wie in dem andern fressen : also auf gut Glück! Eine schlechte Nacht ist bald vorüber.

K. Wollen Sie im deutschen Hof einkehren? es ist das beste Hotel; die Bedienung ist vortrefflich, die Preise billig.

A. Lassen wir uns durch diese Versprechungen täuschen ; gehen wir hin.

K. Sie werden gewiß zufrieden sein, meine Herren.

A. Da wären wir. Kellner, schaffen Sie unser Gepäck auf die Zimmer, die für uns bestimmt sind.

K. Wünschen die Herren ein Zimmer mit zwei Betten ?

B. Nun ja! Zeigen Sie uns doch erst den Speisezettel; wir möchten etwas genießen.

— Was wollen wir bestellen? — Rindsbraten ... Mürbebraten ... Kalbsnieren ... Hühnerpastete u. s. w. dann verschiedene Gemüse...

A. Das muß wahr sein, die Karte ist etwas derb; mein Appetit ist eben nicht stark, und der Ihrige ?

B. Ich bedarf eher der Ruhe : Schnellpost, Dampfer und Eisenbahn haben mich so zusammengeschüttelt, daß ich mich kaum noch auf den Beinen halten kann.

A. So wollen wir nur ein leichtes Mahl auf Abschlag einnehmen, und morgen das Uebrige nachholen.

B. Wohl gesprochen. Kellner!

K. Gleich, Herr! Was wünschen Sie?

B. Eine Flasche Bordeaux, aber wohl verstanden vom besten, und Biscuit.

G. A la minute, Monsieur!	K. Gleich, Herr!
A. Veuillez nous conduire à notre chambre.	A. Führen Sie uns auf unser Zimmer.
B. Vous mettrez une veilleuse sur la cheminée.	B. Stellen Sie eine Nachtlampe auf den Kamin.
A. Ces draps sont-ils bien blancs?	A. Sind die Betttücher auch weiß?
G. La réputation de l'hôtel, Monsieur....	K. Das Hotel steht in solchem Ruf...
A. Allons, c'est bien. Vous aurez soin de nous réveiller demain avant six heures.	A. Schon gut. Wecken Sie uns ja morgen früh vor sechs Uhr.
B. Vous nous tiendrez du café tout prêt.	B. Halten Sie Kaffee für uns bereit.
G. Je n'y manquerai pas, Messieurs.	K. Ich werde nicht ermangeln.
A. Quelle bonne chose de s'étendre dans son lit quand on est si las!	A. Wie angenehm, sich im Bette auszustrecken, wenn man so müde ist!
B. Je suis de votre avis. Sur ce, bonsoir,	B. Das will ich meinen. Also, gute Nacht.
A. Bonne nuit. Dormez bien.	A. Gute Nacht. Schlafen Sie wohl.
—	—
A. Combien devons-nous? Faites-nous notre compte.	A. Was sind wir schuldig? Machen Sie unsere Rechnung.
— A combien se monte notre dépense?	— Wie hoch beläuft sich unsere Ausgabe?
G. Je vais apporter la note, Messieurs.	K. Ich bringe Ihnen gleich die Rechnung.
A. Tant que cela! oh! oh! il ne faut pas saigner si rudement la bourse des voyageurs.	A. Sie ist gepfeffert! oho! Das heißt die Reisenden etwas zu stark schröpfen.
G. C'est le plus juste prix.	K. Es sind doch die billigsten Preise.
B. Allons, il faut en passer par là.	B. Wir müssen schon in den sauern Apfel beißen.
G. J'espère que vous vous rappellerez notre maison, Messieurs.	K. Ich hoffe, die Herren werden an unser Haus denken.
A. Certes, nous n'aurions garde de l'oublier... Garçon voilà pour vous.	A. Wahrlich, wir werden es nicht vergessen!... Kellner, Ihr Trinkgeld.
G. Bien obligé, MM. grand merci.	K. Sehr verbunden; danke schönstens.
A. Portez nos bagages dans la voiture.	A. Tragen Sie unser Gepäck in den Wagen.
G. Je vous suis, Messieurs.	K. Ich komme gleich nach.

(LAURENT.)

26. L'ÉGLISE.	26. DIE KIRCHE.
A. Vous venez de la nouvelle église qu'on vient de consacrer?	**A.** Sie kommen aus der neuen Kirche, die man eingeweiht hat?
B. Oui, j'ai visité Saint-Eugène; elle n'est pas grande, mais suffira pour la paroisse.	**B.** Ja, Ich habe die St. Eugenskirche besucht; sie ist nicht groß, aber hinreichend für die Pfarrei.
A. Le curé voisin n'était pas content qu'on lui enlevât une partie de sa circonscription, et la partie la plus riche de ses ouailles.	**A.** Der benachbarte Pfarrer war nicht damit zufrieden, daß man ihm einen Theil seines Bezirks und seine reichsten Beichtkinder entzog.
B. En bon pasteur, il devrait s'en réjouir, car son troupeau était bien nombreux pour un seul berger.	**B.** Als guter Seelsorger sollte er sich darüber freuen, denn seine Heerde war für einen Hirten zu zahlreich.
A. Ont-ils de bons prédicateurs?	**A.** Haben sie gute Prediger?
B. Oui, le premier vicaire est assez éloquent, et les abbés attachés en qualité de desservants à cette église sont tous très-intelligents.	**B.** Ja, der erste Vikar ist ein ziemlich guter Redner, und die Abbés, die als Verweser an der Kirche angestellt sind, sind Männer von Verstand.
A. Le service des fêtes est-il complétement organisé?	**A.** Ist der Dienst für die Kirchenfeste völlig eingerichtet?
B. Les cérémonies ne sont pas encore aussi belles qu'à la cathédrale, mais le clergé a de beaux habits.	**B.** Die Ceremonien sind noch nicht so schön wie im Münster, aber die Geistlichkeit hat einen schönen Ornat.
— Leur suisse est un bien bel homme; avec sa hallebarde, son épée et son tricorne, il a une tournure martiale.	— Ihr Schweizer ist ein sehr schöner Mann; mit seiner Hellebarde, seinem Degen und seinem Dreimaster sieht er ganz martialisch aus.
— Il frappe avec sa canne d'une façon grave et admirable.	— Er steht prächtig und gravitätisch mit dem Stock auf die Erde.
— L'autre fois je suis arrivé à la messe quand l'office était commencé; on en était à l'Introït.	— Neulich kam ich in die Messe, als der Gottesdienst schon angegangen war; man war eben beim Introitus.
A. Pourvu qu'on arrive avant l'Évangile et le prône, c'est l'important.	**A.** Wenn man nur vor dem Evangelium und der Predigt ankommt, das ist die Hauptsache.
B. Le bedeau a eu de la peine à	**B.** Der Kirchendiener hatte Mühe mit

me procurer une chaise, tout le chœur était plein, ainsi que la nef; il n'y avait de place que dans les bas-côtés.

A. Dit-on la messe dans les chapelles latérales?

B. Pas toujours.

— Les confessionnaux sont tous de bois doré et sculpté.

A. Qui avez-vous pour directeur, à propos? un prêtre séculier, ou un religieux?

B. Les directeurs appartenant à un ordre valent mieux, dit-on,

A. Moi j'aime mieux le clergé ordinaire; ils connaissent mieux le monde.

— Qui est-ce qui va prêcher le carême à la cathédrale cette année?

B. Le Père X... qui a fait la station de l'Avent, à Saint-Roch l'année dernière.

A. Le Père X... va-t-il reprendre ses conférences?

B. On l'espère, mais son général l'a envoyé dernièrement prêcher une retraite en province.

A. Le catéchisme de persévérance est fait par un séminariste bien distingué.

B. Oui, je l'ai entendu avec plaisir sur les mystères principaux de la foi.

A. Les prêtres manquent à cette paroisse. Le sacristain m'a dit qu'ils ne suffisaient pas à porter les sacrements aux malades,

B. On devrait y adjoindre quelques prêtres libres.

A. La communauté de Saint-Sul-

einen Stuhl zu verschaffen; das ganze Chor war voll, wie auch das Schiff; nur auf den Abseiten war noch Platz.

A. Wird in den Seitenkapellen Messe gelesen?

B. Nicht immer.

— Die Beichtstühle sind sämmtlich vergoldet und mit Schnizwerk verziert.

A. Was ich sagen wollte, wer ist Ihr Beichtvater? Ein Weltgeistlicher oder ein Ordensgeistlicher?

B. Die Beichtväter, die zu einem Orden gehören, sind besser, sagt man.

A. Ich ziehe die Weltgeistlichen vor; sie kennen die Welt besser.

— Wer wird dieses Jahr im Dom die Fastenpredigten halten?

B. Pater X., der vergangenes Jahr in der St. Rochuskirche die Adventspredigten gehalten hat.

A. Wird er seine Vorträge bald wieder aufnehmen?

B. Man hofft es, aber sein General hat ihn neulich in die Provinz geschickt, um geistliche Exercitien zu leiten.

A. Die Katechismuslehre für Erwachsene wird von einem ausgezeichneten Seminaristen abgehalten.

B. Ich habe ihn mit Vergnügen über die vornehmsten Geheimnisse des Glaubens sprechen hören.

A. Es fehlt diesem Kirchspiel an Priestern. Der Küster hat mir gesagt, es wären nicht genug da, um den Kranken die letzten Sakramente zu reichen.

B. Man sollte ihnen einige Nebenpriester zugesellen.

A. Die Klostergemeinde von St. Sul-

pice a offert quelques-uns de ses membres.

B. On a fait don à l'église métropolitaine d'un magnifique calice, d'un saint ciboire, d'un ostensoir, d'une étole toute brodée d'or et de perles, et d'un éphod superbe.

— Monseigneur a acheté, avec les fonds de la fabrique, un crucifix, des candélabres, des chandeliers, un encensoir et tous les autres ustensiles du culte.

— La chaire a été réparée; elle est toute brillante maintenant.

— Le banc d'œuvre a été aussi remis à neuf.

A. Connaissez-vous tous les marguilliers de la paroisse?

B. J'en ai vu le plus grand nombre au dernier conseil de la fabrique.

A. C'est, je crois, au presbytère que ces Messieurs se réunissent?

B. Oui, en général; mais cette fois c'était dans une des chapelles souterraines, qui sont, vous le savez, très-belles.

A. Je les ai visitées en effet, et j'ai trouvé le maître-autel de la première, à droite, bien beau, ainsi que le bénitier. Le donneur d'eau bénite avait un goupillon d'un travail remarquable.

B. Vous y avez vu sans doute la châsse de saint X.

A. Non, les reliques de ce saint n'étaient pas encore là.

B. Il y a huit jours, on a célébré un service pour la confrérie; l'orgue était tenu par L...; j'étais en extase.

picius hat ihnen einige ihrer Mitglieder angeboten.

B. Man hat einen kostbaren Kelch, ein Hostiengefäß, eine Monstranz, eine mit Gold und Perlen besetzte Stola und eine prächtige Casel an die Domkirche geschenkt.

— Seine Hochwürden haben aus dem Kirchenvermögen ein Crucifix, Kreuleuchter, Leuchter, ein Rauchfaß und alles andere Kirchengeräth angeschafft.

— Die Kanzel ist wieder neu hergestellt; sie ist jetzt wirklich blendend.

— Die Bank der Kirchenvorsteher ist auch wieder ganz neu.

A. Kennen Sie alle Räthe von der Kirchenverwaltung?

B. Ich habe die meisten bei der letzten Versammlung des Verwaltungsraths gesehen.

A. Ich glaube, die Herren versammeln sich im Pfarrhause.

B. Ja, gewöhnlich; diesmal aber war es in einer der unterirdischen Kapellen, die, wie sie wissen, sehr schön sind.

A. In der That, ich habe sie besucht, und den Hauptaltar der ersten rechts sehr schön gefunden, wie auch den Weihkessel. Der Greis, der das Weihwasser reichte, hatte einen trefflich gearbeiteten Weihwedel.

B. Sie haben wohl auch das Reliquenkästchen des heiligen X. gesehen.

A. Nein, die Reliquien dieses Heiligen waren noch nicht da.

B. Vor acht Tagen hat man einen Dienst für die Bruderschaft gefeiert; L... spielte die Orgel; ich war ganz entzückt.

<table>
<tr><td>

— Les chantres se sont surpassés, je suis allé au lutrin m'assurer que c'étaient bien les musiciens ordinaires.

— A l'élévation surtout l'organiste a été sublime.

A. Et au canon?

B. Également; mais le serpent a bien accompagné avant l'épitre.

— L'odeur de l'encens, des fleurs, la lumière des lampes et des cierges étaient enivrants, à la bénédiction.

— Le sermon était peu profond, mais bien dit, et instructif.

A. De qui était-il?

B. De Monsieur l'abbé X..., aumônier d'un établissement ecclésiastique.

A. N'est-il pas aussi le directeur des Dames du couvent de la Visitation?

B. Non, c'est son frère.

A. C'est un homme qui sait bien l'évangile et plein d'onction, mais un peu déclamateur. — Il fait trop de pathétique.

— Il sacrifie trop souvent le dogme à la morale. On le dit pourtant très-fort théologien.

B. C'est qu'il veut donner des leçons plus pratiques.

A. Le grand vicaire et deux vicaires généraux étaient présents; c'était l'évêque ou l'archevêque de ... qui officiait.

B. Vous ne savez pas lequel des deux?

A. Non, ils avaient espéré que le Cardinal X. et le Légat seraient présents; mais ils doivent demain donner lecture d'une bulle

</td><td>

— Die Sänger haben sich selbst übertroffen; ich bin auf das Chor gegangen, um mich zu überzeugen, daß es die gewöhnlichen waren.

— Besonders bei Erhebung der Hostie war der Organist unvergleichlich.

A. Und beim Canon?

B. Ebenfalls; aber der Serpentist begleitete auch sehr gut vor der Epistel.

— Der Wohlgeruch des Weihrauchs und der Blumen, der Glanz der Lampen und Kerzen beim Segen waren berauschend.

— Die Predigt war nicht sehr gründlich, aber gut gesprochen und lehrreich.

A. Wer hielt die Predigt?

B. Der Abbé X., Almosenier einer geistlichen Anstalt.

A. Ist er nicht auch Beichtvater bei den Visitandinen?

B. Nein, das ist sein Bruder.

A. Es ist ein Mann, der das Evangelium gut kennt, voller Salbung, aber ein wenig declamatorisch und zu pathetisch.

— Er opfert das Dogma zu oft der Moral auf. Er soll jedoch ein tüchtiger Theolog sein.

B. Wahrscheinlich will er seine Unterweisungen recht praktisch machen.

A. Der oberste Vicar und zwei General-Vicare waren zugegen; der Bischof oder Erzbischof von ... las die Messe.

B. Sie wissen nicht, welcher von beiden es war?

A. Nein; man hatte gehofft, daß der Cardinal X. und der Legat zugegen sein würden, aber sie müssen morgen eine päpstliche Bulle vorlesen, zwei

</td></tr>
</table>

du saint-siége, ordonner deux prêtres, et sacrer le coadjuteur du diocèse de X.	Priester ordiniren, und dem Coadjutor der X...er Diöcese die Weihe ertheilen.
B. Quand a lieu le baptême des cloches?	B. Wann werden die Glocken getauft?
A. Très-prochainement; le parrain est Monsieur le préfet, et la marraine est Madame X. (DUGIT.)	A. Nächstens; der Herr Präfect ist der Pathe, und Madame X. die Pathin.

27. L'ÉTAT MILITAIRE.	**27. DAS HEERWESEN.**
A. Avez-vous assisté à la dernière revue?	A. Waren Sie bei der letzten Musterung?
B. C'était une manœuvre plutôt qu'une revue.	B. Es war eher ein Manöver, als eine Musterung.
A. Qui commandait?	A. Wer hatte den Oberbefehl?
B. Le maréchal N..., et sous ses ordres les généraux de division NN et les généraux de brigade NN.	B. Der Marschall N..., und unter ihm befehligten die Divisions-Commandeure NN. und die Brigade-Commandeure NN.
A. C'était tout un état-major : quel était le nombre des troupes?	A. Das war ja ein ganzer Generalstab. Wie viel Mann waren es?
B. Il y avait huit régiments d'infanterie, deux bataillons de chasseurs à pied : six batteries d'artillerie dont deux montées, et seize escadrons de cavalerie, dragons, chasseurs, lanciers et hussards.	B. Es waren acht Infanterie-Regimenter, zwei Bataillone Jäger (zu Fuß), sechs Batterien, worunter zwei fahrende, und sechzehn Schwadronen Cavallerie, Dragoner, (reitende) Jäger, Ulanen und Husaren.
A. Il n'y avait pas de grosse cavalerie?	A. War keine schwere Cavallerie da?
B. Non : les cuirassiers et les carabiniers n'avaient pas quitté leur quartier.	B. Nein, die Küraffiere und die Carabiniers waren nicht ausgerückt.
A. Il y a eu exercice à feu?	A. Hat man im Feuer exercirt?
B. Oui. Chaque pièce avait quarante gargousses, et chaque homme trente cartouches.	B. Ja. Jedes Geschütz hatte vierzig Kartuschen und jeder Mann dreißig Patronen.
A. Quels mouvements a-t-on exécutés?	A. Welche Bewegungen hat man ausgeführt?
B. On a simulé l'attaque d'une	B. Man hat einen Scheinangriff auf

position où les sapeurs du génie ont élevé dernièrement deux redoutes gabionnées et couvertes par un fossé.

A. Mais les cavaliers n'ont pas chargé sur des retranchements comme à la bataille de la Moskowa?

B. Non. Le colonel N., ancien chef d'escadron dans le régiment des guides de la garde impériale, a commencé par détacher un escadron en fourrageurs sur les tirailleurs d'infanterie commandés par le capitaine N. qui a fait sonner la retraite et le ralliement sur la réserve.

— Puis deux régiments ont entamé une charge sur l'infanterie formée en carrés obliques et qui a exécuté un feu de deux rangs. Les pelotons de cavalerie n'ont fait demi-tour qu'en arrivant presque sur les baïonnettes.

A. Et que devenait l'infanterie de l'autre corps d'armée?

B. Elle s'avançait en colonnes serrées par divisions avec l'artillerie dans les intervalles. Puis elle s'est déployée en bataille sur deux files seulement de profondeur. Les pièces de canon se sont mises en batterie moitié sur les ailes, moitié au centre et ont ouvert le feu.

— La petite guerre s'est terminée par une charge à la baïonnette qui a forcé l'ennemi à faire volte-face et à évacuer la position au pas gymnastique.

— Enfin les troupes ont défilé au

eine Stellung gethan, wo die Schanzarbeiter letzthin zwei mit Schanzkörben versehene Redouten aufgeworfen und durch einen Graben gedeckt haben.

A. Aber die Cavallerie hat keinen Angriff auf Verschanzungen ausgeführt, wie in der Schlacht an der Moskwa.

B. Nein. Der Oberst N., ehemaliger Rittmeister im kaiserlichen Garde-Guidenregiment, detachirte anfangs eine Schwadron als Fourageure gegen die Infanterie-Tirailleure, commandirt vom Hauptmann N., der zum Rückzug und Anschluß an die Reserve hat blasen lassen.

— Darauf haben zwei Regimenter einen Angriff auf die Infanterie gemacht, die in schiefen Carrés aufgestellt war und Gliederfeuer gab; die Cavallerie machte erst Kehrt, als sie beinahe auf die Bajonnette gerannt war.

A. Und was machte die Infanterie vom andern Armeecorps?

B. Sie rückte in geschlossenen Divisionscolonnen vor, mit der Artillerie in den Zwischenräumen. Darauf deployirte sie in nur zwei Gliedern. Die Geschütze protzten ab, theils auf den Flügeln, theils im Centrum, und eröffneten das Feuer.

— Der kleine Krieg endigte mit einem Bajonett-Angriff im Sturmschritt, der den Feind zwang, Kehrt zu machen und die Stellung im Dauerlauf zu räumen.

— Zuletzt befilirten die Truppen mit

son de toutes les musiques accompagnées des clairons, des tambours et des trompettes.

A. Il n'y avait pas de zouaves ?

B. Non, mais j'y ai rencontré un de mes amis, lieutenant dans ce corps.

A. N'est-ce pas N., ancien élève de l'école de Saint-Cyr, qui a reçu une balle à l'assaut du bastion central?

B. Non, c'est M., qui servait dans les chasseurs d'Afrique à cheval comme brigadier ou maréchal des logis.

— Il a quitté le sabre, le mousqueton, les pistolets et le porte-manteau pour le fusil, le sac et la capote grise; il a conquis sur le champ de bataille, dans les tranchées et dans les embuscades ses galons de sergent-major, et son épaulette d'adjudant, puis de sous-lieutenant, et maintenant il est officier au deuxième de zouaves.

A. N'est-il pas décoré?

B. Oui, il a la médaille militaire et la croix de chevalier de la Légion d'honneur, et il a été mis plusieurs fois à l'ordre du jour.

— S'il a été soldat, pense-t-il que l'épée soit moins lourde que la giberne, et qu'il vaille mieux faire qu'exécuter les éternels commandements : Portez vos armes. Présentez vos armes. L'arme au bras. Reposez-vous sur vos armes. Croisez la baïonnette. Charge en douze temps. Charge à volonté. En joue! feu! L'arme sur l'épaule gauche. En avant marche! — Halte! etc...

klingendem Spiel, beim Schall der Signalhörner, der Trommeln und Trompeten.

A. Waren keine Zouaven da?

B. Nein, aber ich bin dort einem Freunde von mir begegnet, der Lieutenant in diesem Corps ist.

A. Etwa N., dem ehemaligen Zögling der Schule von Saint Cyr, der beim Sturm auf die Centralbastion einen Schuß bekommen hat.

B. Nein, es war M., der bei den reitenden Jägern in Afrika als Brigadier oder Wachtmeister gedient hat.

— Er hat den Säbel, den Carabiner, die Pistolen und den Mantelsack mit dem Gewehr, dem Tornister und dem grauen Rock vertauscht; er hat sich auf dem Schlachtfeld, in den Laufgräben und beim Hinterhalt die Feldwebeltressen und Adjubanten-Epauletten geholt, dann die eines Seconde-Lieutenants, und jetzt ist er Offizier im zweiten Zouaven-Regiment.

A. Hat er keinen Orden?

B. Doch, er hat die Ehrenmedaille und das Ritterkreuz der Ehrenlegion; auch ist er mehrmals im Tagsbefehle genannt worden.

— Wenn er Soldat war, meint er, daß der Degen weniger schwer sei als die Patrontasche, und daß es besser sei, die ewigen Commandos zu geben, als auszuführen, als zum Beispiel : Gewehr auf — Achtung, präsentirt's Gewehr — In Arm 's Gewehr — Gewehr ab — Fällt 's Gewehr — Ladung in zwölf Tempo — lad't — schlagt an — Feuer — Gewehr über — Bataillon, marsch — Halt! u. s. w.

— L'officier a aussi ses charges : s'il n'a ni la diane, ni les appels, ni le maniement d'armes, ni les corvées, ni la salle de police, il a les inspections, la responsabilité et parfois les arrêts.

A. C'est ce que me disait M., adjudant-major aux voltigeurs de la garde.

— Ce régiment n'est-il pas au camp avec les grenadiers?

B. Non, il a regagné sa garnison; je le tiens de l'aide-de-camp d'un lieutenant-général.

A. Ne vous a-t-il pas dit qu'on parlait de changement dans le calibre des obusiers, dans l'organisation du train des équipages, et dans quelques uniformes?

B. Oui, on a changé l'aigrette et la crinière du casque des cent-gardes, et les guides prennent la pelisse.

A. J'ai vu en effet devant le corps de garde d'une caserne un soldat d'ordonnance qui la portait.

(PIGEONNEAU.)

— Der Offizier hat auch seine Last zu tragen : wenn er weder Reveille, noch Appell, noch Exercirübungen, noch Kasernendienst, noch Arrest hat, so hat er Zimmer-Inspectionen, Verantwortlichkeit und manchmal Stuben-Arrest.

A. Das sagte mir auch M., der Regiments-Adjutant bei den Gardevoltigeuren ist.

— Ist dieses Regiment nicht mit den Grenadieren im Lager?

B. Nein, es ist wieder in seine Garnison eingerückt; ich weiß es von dem Adjutanten eines General-Lieutenants.

A. Hat er Ihnen nicht gesagt, daß man von Aenderungen im Kaliber der Haubitzen, in der Einrichtung des Fuhrwesens und in einigen Uniformen spricht?

B. Ja, man hat den Federbusch und den Roßschweif an den Helmen der Hundertgarden geändert, und die Guiden bekommen Dolmans.

A. Ich habe in der That vor dem Wachthause einer Kaserne eine Ordonnanz gesehen, die einen anhatte.

28. L'INDUSTRIE.

Un Français. Y a-t-il longtemps, Monsieur, que vous êtes arrivé à Paris?

Un Allemand. Non monsieur, huit jours seulement.

F. Vous êtes allé sans doute visiter l'Exposition universelle?

A. Ce fut ma première affaire. Depuis mon dernier voyage,

28. DIE INDUSTRIE.

Ein Franzose. Sind Sie schon lange in Paris, Herr B?

Ein Deutscher. Nein, erst seit acht Tagen.

F. Sie haben ohne Zweifel die Weltausstellung besucht?

D. Das war mein erstes Geschäft. Seit meinem letzten Hiersein hat sich

Paris a bien changé , mais je remets à une autre époque le plaisir d'en admirer les embellissements.

— Pour l'instant je me hâte de profiter du présent et je suis allé de suite au Palais de Cristal.

— Vous êtes heureux d'habiter toujours Paris : vous pouvez sans presque sortir de chez vous, admirer tant de belles choses!

F. Mon Dieu, Monsieur, vous savez quel reproche les étrangers adressent d'ordinaire aux Parisiens. Depuis plusieurs mois que l'Exposition est ouverte, je n'y suis allé qu'une fois.

A. Vous plaisantez ; pour moi, depuis huit jours j'y passe tous mes instants. Je vous prie instamment, si vos affaires ne vous en empêchent pas, de venir avec moi réparer le temps perdu.

F. Très-volontiers, Monsieur, je ne saurais le faire avec un guide plus capable de m'éclairer, et de me faire apprécier dignement tant de merveilles.

A. Vous me flattez, Monsieur. Vous pouvez compter sur moi si je puis vous rendre quelque service.

F. Voulez - vous commencer de suite notre excursion ?

A. Veuillez me dire, Monsieur, si vous préférez visiter le Palais des Beaux-Arts ou celui de l'Industrie ?

F. Je m'en remets à votre choix, Monsieur.

A. Je préfère alors commencer

Paris sehr verändert, aber ich verschiebe es auf ein andres Mal, die Verschönerungen zu bewundern.

— Für den Augenblick beeile ich mich, die Gegenwart zu genießen, und bin sogleich in den Krystallpalast gegangen.

— Sie sind sehr glücklich in Paris zu wohnen : Sie können, fast ohne auszugehen, alle diese schönen Sachen bewundern.

F. Lieber Gott, Sie wissen wohl, welchen Vorwurf die Fremden gewöhnlich den Parisern machen. Die Ausstellung ist seit mehreren Monaten eröffnet, und ich bin erst einmal hingegangen.

A. Sie scherzen; ich meinerseits bringe seit acht Tagen meine ganze Zeit dort zu. Ich bitte Sie dringend, wenn Ihre Geschäfte Sie nicht daran hindern, mit mir zu kommen, und das Versäumte nachzuholen.

F. Sehr gern ; ich könnte keinen bessern Führer finden, um mich zu belehren und die vielen Wunderwerke nach Verdienst würdigen zu lernen.

A. Sie schmeicheln mir. Sie können auf mich zählen, wenn ich Ihnen in etwas gefällig sein kann.

F. Wollen wir gleich einen Ausflug machen?

A. Sagen Sie mir gefälligst, ob Sie es vorziehen, die Gemälde- oder die Industrie-Ausstellung zu besuchen.

F. Ich überlasse Ihnen die Wahl.

A. So wollen wir mit der Industrie-

par le Palais de l'Industrie.

F. Il me paraît juste d'examiner l'entrée. Que dites-vous de ce portique?

A. Pas grand'chose. Si vous m'en croyez, le contenu vaut mieux que le contenant. Entrons, les instants sont comptés.

F. Quels sont ces cristaux magnifiques, ces porcelaines?

A. Ce sont des produits français, Monsieur, ils viennent de Sèvres et de Baccarat. Il y a peu de temps que cette partie de l'Exposition est complète.

F. En effet, lors de ma première visite au Palais de Cristal, ces beaux produits manquaient encore.

A. Et bien d'autres encore; aussi, Monsieur, j'aime à croire que leur absence n'est pas la moindre cause de votre négligence à venir ici.

F. Pardon, je ne veux pas user de ce prétexte. J'avais admiré les cristalleries de Bohême et de Prusse, et je dois reconnaître que leurs produits m'ont paru supérieurs à ce qu'on peut faire en France de plus beau.

A. Tel n'est pas notre goût, Monsieur; vous comparerez vous-même aujourd'hui nos produits allemands et ceux de vos manufactures. La comparaison nous fera tort.

F. Monsieur, je ne sais si je dois vous croire en tout point. C'est par courtoisie que vous parlez ainsi.

A. Pas le moins du monde; j'ajoute même que cette infériorité de nos produits m'étonne.

Ausstellung anfangen.

F. Wir sollten wohl erst den Eingang besehen. Was sagen Sie zu diesem Säulengang?

D. Nicht viel. Glauben Sie mir, der Inhalt ist besser als das Gefäß. Gehen wir hinein, die Augenblicke sind gezählt.

F. Was sind das für herrliche Krystall- und Porzellangefäße?

D. Es sind französische Erzeugnisse aus Sevres und Baccarat. Dieser Theil der Ausstellung ist erst seit kurzem vollständig.

F. In der That, bei meinem ersten Besuche im Krystallpalast fehlten diese schönen Gegenstände noch.

D. Und noch manche andre. Ich denke, dies hat nicht wenig dazu beigetragen, daß Sie so lange gesäumt haben, hierher zu kommen.

F. Entschuldigen Sie, ich will mich dieses Vorwandes nicht bedienen. Ich hatte die böhmischen und preußischen Krystallwaaren bewundert, und ich muß gestehen, daß sie mir das Schönste, was man in Frankreich machen kann, zu überwiegen schienen.

D. Unser Geschmack ist nicht derselbe; Sie können noch heute unsre deutschen Kunstprodukte mit den Ihrigen vergleichen. Sie werden sehen, daß sie ihnen nachstehen.

F. Ich weiß nicht, ob ich Ihnen unbedingt Glauben schenken darf: Sie sagen das wohl nur aus Höflichkeit.

D. Nicht im geringsten; ich sage noch obenein, daß die geringere Güte unsrer Waaren mich in Erstaunen

Dans nos pays, les matières premières sont moins coûteuses qu'en France; la main d'œuvre y est aussi moins chère. Pour les arts de luxe et de goût, je le vois bien maintenant, nous ne vous le disputons pas. Pour les métiers utiles et obscurs, c'est autre chose.

F. Veuillez donc me conduire, Monsieur, à l'exposition des produits allemands.

A. Il n'y a pas loin, Monsieur. Si votre Palais de Cristal n'est pas si grand que celui de Londres, il a l'avantage, à mon goût, de présenter en moins d'espace des merveilles aussi admirables. Tenez, voici l'exposition des tissus de l'Autriche et du midi de l'Allemagne; à côté, ceux de la Prusse.

F. Que ma présence, ne vous gêne en rien. Je pense que ces produits nationaux doivent plus spécialement vous intéresser : peut-être avez vous l'intention de les examiner en particulier.

A. En effet, Monsieur, je l'ai déjà fait, et je crois pouvoir mêler à l'hommage que je rendais il y a quelques instants à l'industrie française, une légère critique. Vous réussissez mieux dans les industries de luxe pour une excellente raison. C'est que peut-être en France on méprise en général, les arts uniquement utiles.

F. Je ne puis répondre à cette critique, Monsieur, qu'en vous priant de venir examiner les toiles et les tissus français que j'aperçois en face.

jeſt. Bei uns ſind die rohen Stoffe nicht ſo theuer, als in Frankreich, und der Arbeitslohn iſt auch geringer. In Sachen des Luxus und des Geſchmacks, das ſehe ich jetzt wohl ein, können wir es nicht mit den Franzoſen aufnehmen. Mit nützlichen und gemeinen Handwerken iſt es etwas anders.

F. Bitte, führen Sie mich doch zur deutſchen Ausſtellung.

D. Sie iſt nicht weit von hier. Wenn Ihr Kryſtallpalaſt nicht ſo groß iſt, wie der in London, ſo hat er, meines Erachtens, den Vortheil, in einem kleinern Raum eben ſo herrliche Sachen aufzuweiſen. Sehen Sie hier die Zeuge aus Oeſtreich und Süddeutſchland, und daneben aus Preußen.

F. Laſſen Sie ſich durch meine Gegenwart nicht ſtören. Die Kunſtprodukte Ihrer Nation müſſen ein beſonderes Intereſſe für Sie haben; vielleicht haben Sie die Abſicht, dieſelben genauer zu beſehen.

D. Das habe ich wirklich ſchon gethan, und ich glaube dem Lobe, welches ich eben der franzöſiſchen Induſtrie ertheilte, einen leiſen Tadel beifügen zu dürfen. Wenn Luxusſachen ihr ſo wohl gerathen, ſo iſt ein guter Grund dazu : nämlich daß man in Frankreich die rein nützlichen Künſte insgemein verachtet.

F. Dieſen Tadel kann ich nur durch die Bitte beantworten, die franzöſiſchen Gewebe und Zeuge, die ich dort ſehe, in Augenſchein zu nehmen.

A. Peut-être, Monsieur, mon accusation est-elle exagérée. Toutefois je vous ferai remarquer le nombre d'étiquettes « vendu » que nous avons remarquées à l'exposition allemande. Le public pourrait bien me donner un peu raison.

F. C'est un argument qui a sa valeur et je me rends. Voulez-vous maintenant me mener voir les produits de l'orfévrerie anglaise? J'en ai entendu dire beaucoup de bien.

A. Les Anglais sont bien heureux, messieurs les Français, de vous trouver toujours prêts à les admirer. Nous allons visiter en détail cette orfévrerie : vous verrez ensuite si vos artistes Français n'ont pas exposé des produits bien plus beaux.

F. Je ne demande pas mieux, Monsieur, que de me voir convaincu.

A. Voyez cette pièce d'argent mat : c'est à mon goût, ce que l'orfévrerie anglaise a présenté de plus beau.

F. En effet, je vois un groupe véritablement artistique; et beaucoup d'autres encore. Mais quel est ce bruit harmonieux?

A. Ce sont des instruments de musique à vendre. Depuis peu de jours, les exposants de cette partie admettent à essayer leurs instruments les personnes qui désirent entrer en affaire avec eux.

F. Cette musique est exquise et produit un effet enchanteur sous cette voûte si richement garnie. Mais l'heure s'avance, Mon

D. Vielleicht ist meine Beschuldigung übertrieben. Indessen bitte ich Sie, an die Menge Etiketten in der deutschen Ausstellung zu denken, worauf „ verkauft " steht. Das Publikum scheint fast, mir Recht zu geben.

F. Dieser Grund läßt sich hören; ich strecke die Waffen. Wollen Sie mir jetzt die englischen Goldschmiedswaaren zeigen? Man hat mir viel Gutes davon gesagt.

D. Ein Glück für die Engländer, daß ihr Herren Franzosen stets bereit seid, sie zu bewundern. Wir wollen jetzt ihre Arbeiten genau besehen; Sie sollen mir dann sagen, ob die französischen Künstler nicht viel schönere Sachen ausgestellt haben.

F. Ich will mich mit Vergnügen davon überzeugen lassen.

D. Sehen Sie dieses Stück aus mattem Silber, es ist, nach meinem Geschmack, die schönste Arbeit der Engländer.

F. In der That, das ist eine echt künstlerische Gruppe, und die andern da auch. Aber was sind das für harmonische Töne?

D. Es sind musikalische Instrumente, die zu verkaufen sind. Seit einigen Tagen erlauben die Aussteller derselben den Personen, welche mit ihnen Geschäfte machen wollen, die Instrumente zu probiren.

F. Diese Musik ist köstlich; sie bringt unter dem reich verzierten Gewölbe eine zauberische Wirkung hervor. Aber es wird spät; ich hoffe, Sie

sieur, j'espère que vous voudrez bien me venir chercher le jour où vous reviendrez ici.

A. Très - volontiers , Monsieur. Nous continuerons alors notre examen à peine commencé.

F. En attendant, je vous prie de venir passer avec moi la fin de la journée.

A. Je suis fâché de ne pouvoir accepter; les affaires qu'on ne peut traiter le jour sont forcément remises à la soirée. Toutefois, Monsieur, je ferai mon possible pour passer avec vous quelques instants ce soir, et à coup sûr je ne manquerai pas de vous aller prendre demain, de bon matin.   (MORISOT.)

sind so gütig mich abzuholen, wenn Sie wieder hierher kommen.

D. Mit vielem Vergnügen. Wir wollen dann die kaum angefangenen Nachforschungen fortsetzen.

F. Inzwischen bitte ich Sie, den Tag mit mir herumzubringen.

D. Es thut mir leid, nicht annehmen zu können; Geschäfte, die man am Tage nicht abmachen kann, werden nothwendiger Weise auf den Abend verlegt. Indessen werde ich mein Möglichstes thun, um heute Abend einige Augenblicke Ihrer Gesellschaft zu genießen; auf jeden Fall aber hole ich Sie morgen in aller Frühe ab.

29. LES BEAUX-ARTS.

P. Avez-vous été visiter l'Exposition des Beaux-Arts?

R. Oui.

P. Lequel de ces arts vous a semblé l'emporter sur les autres par le mérite des œuvres?

P. La peinture sans contredit; pour la sculpture, elle était de beaucoup inférieure; l'architecture, je ne l'ai pas examinée, et la gravure m'a semblé avoir donné tout ce qu'on pouvait attendre d'elle.

P. Il y avait en effet de magnifiques gravures sur acier, et de non moins admirables gravures sur bois; mais la foule ne s'y arrêtait pas.

R. Cela se comprend : il faut être amateur pour estimer la finesse d'une estampe; le plus ou moins d'habileté d'un burin

29. DIE SCHOENEN KUENSTE.

P. Haben Sie die Kunstausstellung besucht?

R. Ja wohl.

P. Welche Kunst scheint Ihnen durch den Werth ihrer Werke, den andern den Rang abzulaufen?

R. Unstreitig die Malerei; die Bildhauerei steht bei weitem nach; die architektonischen Werke habe ich nicht besehen, und die Kupferstecherei scheint mir alles geleistet zu haben, was man von ihr erwarten kann.

P. In der That, es waren prächtige Stahlstiche und nicht minder schöne Holzschnitte da, aber der große Haufen blieb nicht davor stehen.

R. Das ist sehr erklärlich : man muß ein Kunstliebhaber sein, um die Feinheit eines Kupferstiches zu schätzen; ein wenig mehr oder we-

échappe au vulgaire; ce qui le frappe et le séduit, c'est la couleur.

P. Aussi est-il des peintres qui cherchent un succès populaire en jetant sur la toile les couleurs les plus éclatantes de leur palette.

R. On en pourrait citer plus d'un.

P. Il est vrai; mais il faut distinguer entre ces barbouilleurs intrigants et l'école sérieuse des *coloristes*.

R. C'est une école qui a son mérite; mais je préfère celle *du dessin* : sans négliger le coloris, elle recherche la pureté de la forme et l'harmonie des lignes; l'autre ne paraît pas s'en inquiéter.

P. Vous savez qu'il y a aussi deux écoles parmi les paysagistes, les partisans de la nature et ceux de la tradition.

P. Oui, mais les derniers n'arrivent qu'à faire des pastiches dans tel ou tel style; les premiers seuls sont originaux.

P. Vous êtes-vous arrêté aux peintures de genre? M*** a montré tout l'esprit qu'on peut mettre dans un tableau de chevalet.

R. Ce qui m'attirait surtout, après les tableaux d'histoire et les paysages, c'étaient les portraits : celui de M*** était vraiment parlant.

P. Et les peintures d'animaux, et les marines, les avez-vous aussi négligées?

R. Non; j'ai même admiré dans les peintures d'animaux de M***

niger Geschicklichkeit im Stich entgeht dem Laien; was ihm auffällt und ihn hinreißt, ist die Farbe.

P. Darum gibt es Maler, die sich beim Volke beliebt zu machen suchen, indem sie die glänzendsten Farben ihrer Palette auf die Leinwand hinklecksen.

R. Man könnte mehr als Einen nennen.

P. Gewiß; aber man muß zwischen diesen intriganten Pfuschern und der wahren Schule der Coloristen einen Unterschied machen.

R. Diese Schule hat ihren Werth, aber ich ziehe die der Zeichner vor : ohne das Colorit zu vernachlässigen, strebt sie nach Reinheit der Formen und nach Harmonie der Linien, um welche die andre sich wenig zu kümmern scheint.

P. Sie wissen, daß die Landschaftsmaler auch zwei Schulen bilden : die Anhänger der Natur, und die der Tradition.

R. Ja, aber letztere machen nur Nachahmungen in diesem oder jenem Stil; erstere allein sind originell.

P. Haben Sie die Genrebilder angesehen? M*** hat gezeigt, welchen Geist man in ein Staffeleigemälde legen kann.

R. Was mich, nach den historischen Bildern und den Landschaften, besonders anzog, waren die Bildnisse; das von M*** war sprechend ähnlich

P. Und die Thierstücke und Seestücke? Haben Sie sie auch unbeachtet gelassen?

R. Nein; ich habe sogar in den Thierstücken von.*** einen kräftigen Pin-

une grande énergie de pinceau;
mais les marines m'ont paru
faibles en général.

P. Et cette superbe collection des
cartons pour peintures à fres-
que?

R. Il n'y aura certainement rien
de plus beau que les fresques
elles-mêmes.

P. Vous ne me dites rien des pas-
tels et aquarelles; la grande
peinture à l'huile vous les a-
t-elle aussi fait dédaigner?

R.. Nullement; j'y ai seulement
trouvé beaucoup de manière.
Je préfère à tout ce qu'il y avait
en ce genre quelques crayons
de M*** où la vigueur du trait
s'unissait à la fermeté de la
composition. J'ai un faible
d'ailleurs, je l'avoue, pour les
esquisses, croquis, etc.

P. Alors le cabinet des esquisses
au musée du Louvre reçoit souvent votre visite?

R. Pas aussi souvent que je le
voudrais; la peinture de la Renaissance me rappelle sans cesse
à elle.

P. Et les autres écoles?

R. Elles me paraissent être à une
immense distance de l'école ita-
lienne.

P. Vous ne devez pas goûter
beaucoup, je crois, les écoles
flamande et hollandaise?

R. Je distingue; je ne saurais
pour rien m'accommoder des
figures monstrueuses et des car-
nations révoltantes de Rubens,
mais il est de certains petits
tableaux flamands que je serais
souverainement injuste de ne
pas admirer; ce sont de déli-

sel bewundert; die Marinen hingegen schienen mir im allgemeinen
schwach.

P. Und die herrliche Sammlung von
Cartons zu Freskomalereien?

R. Es gibt gewiß nichts schöneres als
die Fresken selbst.

P. Sie erwähnen die Pastell- und
Aquarellgemälde nicht; ist die Oel-
malerei daran schuld, daß Sie dieselben verachten?

R. Durchaus nicht; nur habe ich sie
zu manierirt gefunden. Allem, was
in diesem Fache da war, ziehe ich
einige Kreidezeichnungen von ***
vor, in denen ein fester Strich und
Sicherheit in der Anlage vereinigt
waren. Ich muß übrigens gestehen,
daß Skizzen, Entwürfe u. f. w.
meine schwache Seite sind.

P. So besuchen Sie wohl oft das
Skizzen-Cabinet im Louvre?

R. Nicht so oft, als ich es wünschte;
die Renaissancen-Malerei lockt mich
stets wieder hin.

P. Und die andern Schulen?

R. Scheinen mir in ungeheurer Entfernung von der italienischen zu
stehen.

P. Sie finden also wohl nicht viel Geschmack an der niederländischen und
holländischen Schule?

R. Mit Unterschied; ich kann mich
durchaus nicht zu Rubens' gräßlichen
Figuren und abscheulicher Carnation
bequemen; aber es gibt gewisse
kleine niederländische Gemälde, die
man ohne die größte Ungerechtigkeit
nicht unbewundert lassen kann. Es
sind köstliche Miniatur-Gemälde,

cieuses miniatures, où l'on trouve non-seulement de merveilleux effets de clair-obscur, et un détail infini d'accessoires relevés par des accidents de lumière, mais aussi du sentiment et de la grâce.

P. Quant à notre école française du xviie siècle...?

R. Elle me paraît avoir eu à un haut degré le génie de la composition; elle est inférieure par le dessin et le coloris.

P J'ai pourtant entendu l'autre jour devant un admirable Lesueur un badaud s'extasier uniquement sur la richesse du cadre.

R. Il n'est pas rare de voir des gens qui admirent le piédestal plus que la statue.

P. Entre nous, ce ne serait pas faire beaucoup de tort à un certain nombre de statues de notre temps.

R. Je l'avoue, et l'exposition dont nous parlions tout à l'heure l'a bien prouvé : à part quelques morceaux vraiment remarquables, la sculpture était bien pâle et bien effacée.

P. Y avez-vous découvert des bas-reliefs? je n'y ai vu que des rondes bosses.

R. Les bas-reliefs étaient en petit nombre; en revanche il y avait une grande quantité de bustes.

P. Les statuettes n'y manquaient pas non plus.

R. J'y ai vu même un certain nombre de médaillons; mais d'œuvres capitales, peu ou point.

worin nicht allein ein effektvolles Hellbunkel und eine Menge durch Nebenlichter gehobene Nebenpartien, sondern auch Gefühl und Anmuth anzutreffen ist.

P. Und die französische Schule aus dem 17. Jahrhundert?

R. Diese scheint mir im höchsten Grade Talent zur Anlage von Gemälden besessen zu haben; aber in Zeichnung und Colorit steht sie nach.

P. Ich habe indessen neulich einen Laffen gesehen, der vor einem herrlichen Lesueur stand, und nur von dem reichen Rahmen entzückt war.

R. Es ist nicht selten, Leute zu sehen, die das Fußgestell mehr als das Standbild bewundern.

P. Unter uns gesagt, bei einer gewissen Anzahl von neuen Statuen wäre dies eben keine Ungerechtigkeit.

R. Ich gebe es zu, und die Ausstellung von der wir sprechen, hat es bewiesen: mit Ausnahme von einigen wirklich ausgezeichneten Stücken war die Bildhauerei sehr matt und in Schatten gestellt.

P. Haben Sie schöne Basreliefs bemerkt? Ich habe nur Rundwerke gesehen.

R. Die Basreliefs waren in kleiner Anzahl; dagegen waren eine Menge Brustbilder da.

P. An kleinen Statuen fehlte es auch nicht.

R. Ich habe sogar eine gewisse Anzahl Rundbilder gesehen; aber Hauptstücke wenig oder gar nicht.

P. N'aviez-vous pas l'ébauche en plâtre de M.?

R. Oui, mais l'expression des têtes était nulle, les poses, d'une raideur académique, et le modelé, d'une dureté incomparable.

P. Les draperies au moins ont-elles trouvé grâce à vos yeux?

R. Elles manquaient d'un peu de souplesse encore.

P. Et le groupe de M. S***?

R. Ne trouvez-vous pas qu'on était porté à en dire : « Comme ce marbre est admirablement fouillé!» et nullement: «Comme c'est beau!»

P. Vous avez raison.

R. Il ne suffit pas que le ciseau taille et polisse; il faut aussi qu'il donne la beauté et la vie.

P. J'ai vainement cherché les bronzes.

R. Ils étaient placés dans une galerie de l'autre palais, parmi les œuvres de l'industrie.

P. Amateur des antiques, comme vous l'êtes, que pensez-vous de cet essai de sculpture polychrôme d'après la Minerve de Phidias?

R. Rien, sinon que la restitution m'a fait regretter l'original.

P. L'architecture s'évertue aussi tous les jours à nous restaurer sur le papier les grands monuments de l'ancienne Grèce, temples, théâtres, etc.

R. Ne me parlez pas de cela : je quitte à l'instant un jeune architecte de l'Académie de Rome qui vient d'exposer une restauration de ce genre, et j'ai la tête rompue de colonnes, pié-

P. War die Gypsskizze von M. nicht da?

R. Doch, aber die Köpfe haben keinen Ausdruck, die Stellungen sind akademisch steif, und das Ganze ungemein hart.

P. Hat wenigstens der Faltenwurf vor Ihren Augen Gnade gefunden?

R. Auch diesem fehlte es an Geschmeidigkeit.

P. Und die Gruppe von S.?

R. Finden Sie nicht, daß man gern gesagt hätte : „Wie ist der Marmor so schön ausgearbeitet!" aber keineswegs : „Wie ist das so schön!"

P. Sie haben recht.

R. Es ist nicht hinreichend, zu meißeln und zu glätten; man muß auch Schönheit und Leben hinein bringen.

P. Ich habe mich vergebens nach Bronzestücken umgesehen.

R. Sie standen in einer Gallerie des andern Gebäudes, unter den Erzeugnissen der Industrie.

P. Was denken Sie, als Liebhaber der Antiken, von dem Versuch in vielfarbiger Sculptur nach der Minerva des Phidias?

R. Nichts, als daß die Wiederherstellung mich das Original vermissen läßt.

P. Die Baukunst bemüht sich auch täglich, die großen Denkmäler des alten Griechenlands, seine Tempel, Theater, u. s. w. auf dem Papier wieder herzustellen.

R. Sprechen wir nicht davon : eben verlasse ich einen jungen Baukünstler von der römischen Akademie, der eine solche Arbeit ausgestellt hat, und mein Kopf ist noch ganz schwer von Säulen, Fußgestellen, Schäften,

destaux, fûts, cannelures, cha-
piteaux, ordres, frises, pilastres,
portiques, péristyles, frontons,
que sais-je?
P. Cela s'est bien rencontré; un de
mes amis vient de me commu-
niquer les plans d'une église
qu'il va construire.
R. Dans quel style, bizantin, romain ou de la renaissance?
P. Gothique; et j'ai la tête rompue aussi d'ogives, arceaux,
nervures, voûtes, verrières, ro-
saces, contreforts, portails, nefs,
piliers, bas-côtés, transept,
chœur, chapelles, etc.

R. Je crois donc que nous ferons
bien de changer de conversa-
sation. (BONE.)

30. LA MUSIQUE.

Un Français et une Allemande.

F. Mademoiselle, j'ai appris que
vous êtes excellente musi-
cienne, et que vous jouez admirablement du piano.
— J'ai quelque habitude des instruments à archet; puis-je es-
pérer que, pendant votre séjour
en France, je pourrai avoir
l'honneur de faire avec vous
un peu de musique d'ensemble?
A. Avec plaisir, Monsieur. J'ai
apporté les plus belles œuvres
de nos grands maitres, Haydn,
Mozart, Beethoven, et je sais
que vous interprétez ces morceaux classiques avec un goût
et un talent rares.
— Votre violon, m'a-t-on dit,
chante de la manière la plus
pathétique, et vous savez aussi

Hohlkehlen, Knäufen, Säulenord-
nungen, Friesen, Wandpfeilern,
Säulengängen und -reihen, Giebeln,
und Gott weiß was noch.
P. Das hat sich gut getroffen; einer
von meinen Freunden hat mir den
Plan zu einer Kirche vorgelegt, die
er bauen will.
R. In welchem Stil, byzantinisch,
romanisch oder Renaissance?
P. Gothisch, und auch mir thut der
Kopf weh von Spitzbogen, Thür-
bogen, Rippen, Gewölben, gemal-
ten Kirchenfenstern, Rosen, Gegen-
pfeilern, Portalen, Schiffen, Pfeilern, Abseiten, Transsepten, Chö-
ren, Kapellen, u. s. w.
R. Ich glaube, wir thun wohl daran,
von etwas anderm zu sprechen.

30. DIE MUSIK.

Ein Franzose und eine Deutsche.

F. Mein Fräulein, ich höre, daß Sie
ausgezeichnet musikalisch sind, und
vortrefflich Klavier spielen.

— Ich habe einige Fertigkeit auf
Streichinstrumenten; darf ich mir
vielleicht die Ehre ausbitten, mit
Ihnen, während Ihres Aufenthalts
in Frankreich, einige concertirende
Stücke auszuführen?
D. Mit vielem Vergnügen. Ich habe
die schönsten Werke unsrer großen
Meister Haydn, Mozart, Beethoven
mitgebracht, und ich weiß, mit welchem seltenen Geschmack und Talent
Sie diese klassischen Stücke vortra-
gen.
— Ihre Violine, sagt man, hat einen
höchst ergreifenden Klang, und Sie
verstehen es der Altviole und dem

tirer de l'alto et de la basse un parti qui annonce un artiste d'élite. Nous commencerons dès aujourd'hui, si vous voulez.

F. Mademoiselle, vous prévenez mes désirs.

A. Tenez! voici une sonate pour piano et violon, en mi ♭ mineur, dont l'introduction est admirable. C'est un tutti à l'unisson d'une grande majesté, suivi d'une modulation enharmonique, par des accords plaqués d'un très-bel effet.

F. Ce doit être analogue à ce passage du grand septuor de Beethoven, vous savez?

A. J'ai entendu exécuter ce septuor par votre orchestre du Conservatoire, le premier orchestre du monde, et j'ai été frappée du rendu de ce passage par une telle masse instrumentale. L'imitation de l'orgue réussit mieux à l'orchestre que celle de l'orchestre à l'orgue.

F. On voit, Mademoiselle, que vous êtes aussi bien organiste que pianiste.

A. Oh! non! Le maniement du clavier de pédales est incompatible avec nos jupons. Je préfère ces nouveaux petits instruments dont l'expression est dans la soufflerie, et que vous appelez mélodiums, harmoniums, orgues expressifs. Ils conviennent surtout, à mon avis, pour accompagner la voix.

F. Je suis sûr, Mademoiselle, que vous chantez délicieusement.

Baß Töne zu entlocken, die den echten Künstler verrathen. Wenn es Ihnen recht ist, so fangen wir gleich heute an.

F. Mein Fräulein, Sie kommen meinen Wünschen zuvor.

D. Sehen Sie, da habe ich eine Sonate für Pianoforte und Violine aus Es moll, mit einer wundervollen Einleitung. Es ist ein höchst großartiges Tutti all' unisono, auf welches eine enharmonische Modulation folgt, deren zerstreute Accorde eine herrliche Wirkung hervorbringen.

F. Es hat also wohl einige Aehnlichkeit mit der bekannten Passage aus Beethovens großem Septett?

D. Dieses Septett habe ich vom Orchester des Pariser Conservatoire gehört, welches das erste Orchester der Welt ist, und ich erstaunte über die fertige Ausführung dieser Passage von einer solchen Masse von Instrumenten. Die Orgel läßt sich besser von dem Orchester, als das Orchester von der Orgel nachahmen.

F. Man sieht wohl, mein Fräulein, daß Sie eben so gut die Orgel als das Piano spielen.

D. Oh nein! das Treten des Pedals verträgt sich nicht mit Frauenröcken. Mir sind die neuerfundenen kleinen Instrumente lieber, wo der Ausdruck im Blasewerk liegt, und die man Melodien, Orgel-Harmonika und Cölestine nennt. Meiner Meinung nach eignen sie sich besonders zur Begleitung des Gesangs.

F. Ich bin überzeugt, Sie haben eine reizende Stimme.

A. Au contraire, Monsieur; je possède une voix de mezzo-soprano très-insignifiante; ma voix de poitrine est sourde, et ma voix de tête criarde dans les notes aiguës. — Vous devez avoir, Monsieur, une voix de ténor.

F. De baryton, plutôt; je descends jusqu'au la bémol grave, et je ne monte qu'au fa dièze aigu.

A. Vous devez trouver bien incommode de chanter sur les vieilles partitions, avec leurs clefs d'ut 3e ou 4e ligne, leurs changements de portée, et leur accompagnement en simple basse chiffrée.

F. Au contraire, Mademoiselle; c'est pour moi un excellent exercice de transposition et de lecture, et le meilleur moyen d'apprendre la pratique de l'harmonie.

A. J'aime beaucoup l'harmonie, et je n'ai jamais pu me décider à l'apprendre.

— Votre contre-point m'ennuie, vos quintes et vos octaves cachées me font peur, et la composition d'une fugue me semble la mer à boire.

F. Vous êtes trop modeste, Mademoiselle, car j'ai vu signée de vous une fantaisie pour piano à quatre mains, en fa dièze mineur, harmonisée d'une manière non-seulement irréprochable, mais gracieuse; le motif en est charmant.

— J'ai aussi entendu de vous une délicieuse romance en ré majeur, à six-huit, une chanson-

D. Durchaus nicht; ich singe einen höchst unbedeutenden Mezzo-Soprano; meine Bruststimme hat etwas Dumpfes, und meine Kopfstimme etwas Kreischendes in den hohen Noten. — Sie singen wahrscheinlich Tenor?

F. Eher Baryton; ich gebe das tiefe As an, komme aber nur bis zum hohen Fis hinauf.

D. Sie müssen es sehr unbequem finden, nach alten Partituren mit C-Schlüssel der dritten oder vierten Linie, mit wechselnden Notensystemen und Begleitung in nur beziffertem Baß zu singen.

F. Im Gegentheil, mein Fräulein; es ist für mich eine treffliche Uebung im Transponiren und Notenlesen, und das beste Mittel Generalbaß praktisch zu studiren.

D. Auch ich liebe dieses Studium sehr, habe es aber nie über mich gewinnen können, mich demselben hinzugeben.

— Der Contrapunkt ist mir langweilig; der versteckten Quinten und Octaven wird mir angst und bange; eine Fuge setzen, scheint mir ein wahres Riesenwerk.

F. Sie sind zu bescheiden, mein Fräulein. Ich habe von Ihnen eine vierhändige Fantasie für Klavier aus F-moll gesehen, die nicht nur tadellos, sondern auch auf das lieblichste harmonisirt ist; das Thema ist zum Entzücken.

— Ich habe auch von Ihnen eine allerliebste Romanze aus G-dur, in Sechsachtel-Takt, ein höchst origi-

nette en la, très-originale, et un nocturne pour deux voix de femmes, à trois temps lents, dont la mélodie tendre et rêveuse porte à l'âme.

A. Je devrais bien vous répondre en m'extasiant sur votre symphonie à grand orchestre, votre quintette pour instruments à cordes, vos pas redoublés pour musique militaire, avec solos de fifre et de clarinette, et surtout vos œuvres chorales si remarquables, notamment votre marche arabe et votre messe en ut : mais nous avons mieux à faire que de nous renvoyer nos compliments. Votre violon est-il d'accord ?

F. Veuillez, s'il vous plaît, me donner le la. La route a bien désaccordé mon pauvre Amati. Cette quinte est trop faible; celle-ci, en revanche, est trop forte; la chanterelle a baissé, mais la corde filée n'a pas bougé.

— Mademoiselle, je suis à vos ordres. Dans quel mouvement prenez-vous cet andante?

A. Ni trop vite ni trop lentement; comme ceci : une... deux... trois... quatre... mi, sol, si, ut, la, fa, ré, mi.

— Prenez garde aux triolets qui alternent avec les doubles croches.

— Je compte une pause, une demi-pause et un soupir, et je commence par une noire en levant, après votre trait, sur votre blanche pointée : puis nous tenons la ronde ensemble. Y êtes-vous ?

nelles Lied aus A., und ein Notturno für zwei Frauenstimmen, in langsamem Dreiviertel-Takt gehört, dessen liebliche und schwärmerische Melodie zum Herzen spricht.

D. Ich sollte nun meinerseits über Ihre Symphonie mit vollem Orchester, Ihr Quintett für Saiten-Instrumente, Ihre Doublirschritte für Militärmusik, mit Pfeifen und Clarinett-Solos, und besonders über Ihre so ausgezeichneten Choralwerke, den arabischen Marsch und die Messe aus C. in lautes Lob ausbrechen; aber wir können die Zeit besser anwenden als uns gegenseitig Complimente zu machen. Ist Ihre Violine gestimmt?

F. Wollen Sie gefälligst A. angeben. Der Weg hierher hat meinen armen Amati sehr verstimmt. Diese Quinte ist zu schwach: diese hingegen zu stark, die feine Quinte ist zu tief, aber die Drathsaite hat sich nicht gerührt.

— Mein Fräulein, sobald Sie befehlen. — Wie markiren Sie den Takt zu diesem Andante?

D. Weder zu schnell, noch zu langsam; etwa so : eins — zwei — drei — vier — e, g, h, c, a, f, d, e.

— Geben Sie wohl auf die Triolen Acht, die mit den Sechzehntelnoten abwechseln.

— Ich zähle eine Pause, eine halbe Pause und eine Viertelpause, und fange dann mit einer Viertelnote an, indem ich nach Ihrem Satz auf Ihre punktirte halbe Note einfalle; dann halten wir zusammen die ganze Note aus. Sind Sie bereit?

F. J'y suis.

F. Ja wohl.

A. Commençons!   (DUPEIGNE.)

D. So fangen wir an!

31. UN MÉDECIN.

31. EIN ARZT.

D. Monsieur N., voici le médecin que vous avez fait demander.

B. Herr N., hier ist der Arzt, nach dem Sie geschickt haben.

N. Monsieur, veuillez vous asseoir; je vous attendais avec impatience.

N. Setzen Sie sich gefälligst, Herr Doctor, ich wartete mit Sehnsucht auf Sie.

M. Pardonnez-moi de n'être pas venu plus tôt; j'étais sorti quand on est venu me demander de votre part.

A. Entschuldigen Sie, daß ich nicht früher gekommen bin; ich war ausgegangen, als Sie mich rufen ließen.

N. Docteur, je ne suis pas bien, je me sens indisposé.

N. Herr Doctor, mir ist nicht wohl. Ich fühle mich unpäßlich.

M. Y a-t-il longtemps que vous souffrez?

A. Sind Sie schon lange leidend?

N. Il y a déjà quelques jours.

N. Seit einigen Tagen.

M. Pourquoi ne m'avez-vous pas fait appeler plus tôt?

A. Warum haben Sie mich nicht früher rufen lassen?

N. Je ne croyais pas que cela durerait aussi longtemps.

N. Ich glaubte nicht, daß es so lange anhalten würde.

M. D'où souffrez-vous?

A. Woran leiden Sie?

N. De la tête, des jambes, de la poitrine, de l'estomac; j'ai des douleurs dans tous les membres.

N. Am Kopf, an den Beinen, an der Brust, am Magen; alle Glieder thun mir weh.

M. Vous sentez-vous faible?

A. Fühlen Sie sich schwach?

N. Très-faible.

N. Sehr.

M. Avez-vous de l'appétit?

A. Haben Sie Appetit?

N. Non, très-peu; assez.

N. Nein, sehr wenig; so ziemlich.

M. Depuis combien de temps gardez-vous le lit?

A. Seit wie lange hüten Sie das Bett?

N. Depuis trois, quatre jours.

N. Seit drei, vier Tagen.

M. Voyons votre langue; donnez-moi votre bras, votre pouls.

A. Zeigen Sie Ihre Zunge; lassen Sie mich Ihren Puls befühlen.

N. Je dois avoir un peu de fièvre. Que dois-je faire, docteur?

N. Ich muß ein wenig Fieber haben. Was soll ich thun, Herr Doctor?

M. Faites porter cette ordonnance chez le pharmacien; il vous donnera les remèdes que je vous ai prescrits.

A. Lassen Sie dieses Recept zum Apotheker tragen; er wird Ihnen die Arzeneimittel geben, die ich Ihnen verschrieben habe.

N. Croyez-vous que j'en aie pour longtemps encore ?

M. Peut-être ; le cas est assez grave ; mais tranquillisez-vous ; je ne vois rien d'inquiétant.

N. Mais combien de temps à peu près me faut-il pour me remettre ?

M. Je ne puis pas vous fixer d'époque précise ; mais suivez bien le régime que je vous prescris, et vous serez vite guéri.

N. Pourrai-je au moins me lever un peu dans la journée ?

M. Non, il vous faut encore garder le lit ; vous avez besoin de beaucoup de repos.

— Vous pourrez vous lever un peu, mais prenez bien garde de vous fatiguer.

N. Soyez tranquille, docteur, je serai sage.

M. C'est votre intérêt.

N. Pourrai-je manger un peu ?

M. Non, vous avez encore trop de fièvre ; si vous allez mieux demain, vous pourrez faire plusieurs petits repas dans votre journée ; mais mangez très-peu à chaque fois.

N. Ne pourrai-je pas aussi sortir un peu ?

M. Non, l'air vous ferait du mal.

N. Quand reviendrez-vous me voir ?

M. Ce soir ou demain matin ; j'espère que je trouverai du mieux.

N. Mais si je me trouve plus mal d'ici là ?

M. Vous m'enverrez chercher tout de suite.

N. Glauben Sie, daß ich noch lange kranken werde?

A. Vielleicht; der Fall ist etwas bedenklich; aber beruhigen Sie sich, es ist keine Gefahr vorhanden.

N. Aber wie viel Zeit braucht es ungefähr, bis ich wieder hergestellt sein werde?

A. Ich kann Ihnen die Zeit nicht genau angeben; aber unterwerfen Sie sich der Diät, die ich Ihnen vorschreibe, und Sie werden bald wieder gesund sein.

N. Kann ich wenigstens am Tage etwas aufstehen?

A. Nein, Sie müssen im Bett bleiben; Sie bedürfen sehr der Ruhe.

— Sie können etwas aufstehen, aber hüten Sie sich wohl vor Ermüdung.

N. Darüber seien Sie außer Sorgen; ich werde folgsam sein.

A. Sie werden in Ihrem Interesse handeln.

N. Darf ich etwas genießen?

A. Nein, das Fieber ist noch zu stark; wenn es morgen besser geht, können Sie einige kleine Mahlzeiten halten, aber essen Sie ja sehr wenig auf einmal.

N. Kann ich nicht auch etwas ausgehen?

A. Nein, die Luft könnte Ihnen schaden.

N. Wann werden Sie mich wieder besuchen?

A. Heute Abend oder morgen früh, ich hoffe, es soll sich mit Ihnen gebessert haben.

N. Wenn es aber bis dahin schlechter mit mir geht?

A. So schicken Sie sofort zu mir.

N. Du reste, ne revenez que si je vous fais demander.

— Je ne suis pas assez malade pour que vous ayez besoin de revenir.

M. Ainsi vous croyez pouvoir maintenant vous passer de moi?

N. Oui; du reste, je passerai moi-même chez vous, un de ces jours.

M. Comme vous voudrez; je vous laisse ma carte et mon adresse.

N. A quelle heure vous trouve-t-on d'ordinaire?

M. Je donne des consultations tous les jours de une heure à trois heures.

N. Au revoir donc, docteur.

M. Au revoir, Monsieur.

(TESSIER.)

N. Kommen Sie lieber nur, wenn ich Sie darum ersuchen lasse.

— Ich bin nicht so krank, daß Sie wiederzukommen brauchen.

A. Sie glauben also jetzt meine Hülfe entbehren zu können?

N. Ja; übrigens werde ich selbst dieser Tage zu Ihnen kommen.

A. Nach Belieben; ich lasse Ihnen meine Karte und meine Adresse.

N. Um wie viel Uhr trifft man Sie gewöhnlich an?

A. Ich gebe alle Tage, von Eins bis Drei, Consultationen.

N. Also, auf Wiedersehen, Herr Doctor.

A. Leben Sie wohl.

32. UN LIBRAIRE.

32. EIN BUCHHÆNDLER.

L'acheteur. Monsieur, je voudrais avoir les poésies de M.

Le libraire. Fort bien, Monsieur, les voici.

A. Ah! pardon. Je préférerais la petite édition : elle est d'un format plus commode.

L. Je ne l'ai pas en ce moment, mais je pourrai vous la procurer tantôt.

A. Je vous en saurai gré; mais veuillez, je vous prie, me donner votre catalogue.

L. Il est complet : je viens de le faire **réimprimer** dernièrement.

A. Vous **avez** tous les ouvrages nouveaux?

L. Oui; ceux, du moins, qui ont quelque mérite.

Der Käufer. Ich möchte gern M...'s Gedichte haben.

Der Buchhändler. Sehr wohl; hier sind sie.

K. Entschuldigen Sie; ich zöge die kleine Ausgabe vor : das Format ist bequemer.

B. Ich habe sie nicht augenblicklich auf dem Lager, aber ich kann sie Ihnen gleich verschaffen.

K. Sehr verbunden. Geben Sie mir doch gefälligst Ihren Katalog.

B. Er ist vollständig; er ist erst kürzlich wieder neu gedruckt worden.

K. Haben Sie alle Neuigkeiten?

B. Ja, wenigstens diejenigen, welche einigen Werth haben.

A. Je craignais de ne point trouver cette petite brochure que je
vois marquée ici.

L. Il en reste à peine quelques
exemplaires; la première édition a été enlevée en moins de
deux mois, on en prépare une
seconde.

A. L'imprimeur devrait bien y
mettre plus de soin, et épar-
gner cette fois au lecteur ces
transpositions de lettres et de
mots, qui déparaient la première édition.

L. Elle avait été faite avec préci-
pitation; celle-ci sera sans doute
plus soignée : l'auteur y veil-
lera.

A. Vous me paraissez bien fourni
en livres de critique littéraire.

L. Oui, Monsieur. Je tiens à votre
disposition les deux volumes,
in-8°, que vient d'éditer Mr X.
Ils sont imprimés en très-
beaux caractères et sur d'excellent papier.

A. Je verrai à l'acheter plus tard.
Mais voyons un peu les littératures étrangères. Avez-vous le
théâtre de Schiller?

L. Oui, Monsieur.

A. Et le Laocoon de Lessing?

L. J'ai les œuvres complètes de
Lessing.

A. Il suffit; j'examinerai votre
catalogue et je reviendrai un
autre jour faire quelques ac-
quisitions. Veuillez m'envoyer
les ouvrages que je vous ai de-
mandés.

L. Monsieur, je vous les envoie
à l'instant.

K. Ich fürchtete, diese kleine Broschüre
nicht darin verzeichnet zu finden.

B. Es bleiben mir kaum einige Exem-
plare davon übrig; die erste Auflage war in weniger als zwei Monaten vergriffen. Man veranstaltet
jetzt eine zweite.

K. Der Drucker sollte etwas mehr
Sorgfalt darauf verwenden, und
den Leser mit Versetzungen von
Buchstaben und Wörtern, wie die,
welche die erste Auflage entstellten,
diesmal verschonen.

B. Sie war in größter Eile gedruckt
worden; auf die neue wird man
gewiß mehr Fleiß verwenden : der
Verfasser wird ein wachsames Auge
darauf haben.

K. Sie scheinen eine bedeutende Anzahl von kritischen Literärgeschichten
zu haben.

B. O ja. Erlauben Sie mir, Ihnen
zwei Oktavbände vorzulegen, die
X. herausgegeben hat. Sie sind mit
schöner Schrift gedruckt; das Papier
ist vortrefflich.

K. Ich werde sie mir wohl später an-
schaffen. Aber wie sieht es mir der
ausländischen Literatur aus? Haben Sie Schiller's Theaterstücke?

B. Gewiß.

K. Und Lessing's Laokoon?

B. Ich habe Lessing's vollständige
Werke.

K. Gut; ich werde Ihren Katalog
aufmerksam durchgehen und ein andermal wiederkommen und neue
Ankäufe machen. Schicken Sie mir
gefälligst die Bücher, die ich bestellt
habe.

B. Ich schicke sie augenblicklich.

A. Monsieur, j'ai l'honneur de vous saluer.   (Mossot.)

Ꝃ. Ergebenſter Diener.

33. UN RELIEUR.

33. EIN BUCHBINDER.

S. Monsieur, je désirerais faire relier ces ouvrages.

R. Quelle sorte de reliure voulez-vous, Monsieur ?

S. Je vais vous le dire : ces deux volumes doivent être très-simples ; je tiens plus à la solidité qu'à l'élégance.

R. Je pourrai les relier en toile.

S. C'est cela même ; en voici d'autres qui auront un cartonnage, avec le dos en veau.

R. Une demi-reliure, n'est-ce pas?

S. Oui. Vous prendrez grand soin de celui-ci qui commence à se détériorer, les marges en sont déjà fort petites : rognez-le le moins possible.

R. J'y ferai attention.

S. Je compte sur vos bons soins. Je vous apporterai encore, si je suis content de votre travail, plusieurs ouvrages qu'il faudra dorer sur tranche et relier en chagrin ou en veau plein.

R. J'espère, Monsieur, que vous serez content de mes services.

S. Puis-je compter aussi sur votre exactitude?

R. Assurément.

S. J'ai besoin de ces livres dans quinze jours ou trois semaines au plus tard. Je vous laisserai plus de temps pour les autres.

S. Ich möchte dieſe Bücher gern binden laſſen.

B. Was für einen Einband wünſchen Sie?

S. Das will ich Ihnen gleich ſagen : dieſe beiden Bände ſollen ſehr einfach gebunden werden; ich ſehe mehr auf Dauerhaftigkeit, als auf Eleganz.

B. So will ich ſie in Leinwand einbinden.

S. Sehr wohl. Dieſe hier in Pappband mit Lederrücken.

B. Alſo in Halbfranzband?

S. Ja. Verwenden Sie beſondern Fleiß auf dieſes Buch, das ſchon abgenutzt iſt; der Rand iſt ſehr ſchmal : beſchneiden Sie es ſo wenig als möglich.

B. Ich werde Acht darauf geben.

S. Ich rechne auf Ihre Sorgfalt. Wenn ich mit Ihrer Arbeit zufrieden bin, ſo bringe ich Ihnen noch mehr Bücher, die Sie in Chagrin oder Kalbleder mit vergoldetem Schnitt binden ſollen.

B. Ich hoffe, Sie ſollen mit meiner Arbeit zufrieden ſein.

S. Kann ich auch auf Ihre Pünktlichkeit zählen.

B. Gewiß.

S. Ich brauche dieſe Bücher in vierzehn Tagen, oder ſpäteſtens in drei Wochen. Die übrigen können Sie länger behalten.

R. Je ferai tout pour vous être agréable.

S. Mais n'allez pas, pour être exact, négliger la bonne exécution de ce travail.

R. Nullement; vous pouvez vous en rapporter à moi.

S. A bientôt donc, Monsieur.

R. Monsieur, je suis votre serviteur. (MOSSOT.)

B. Ich werde Alles thun, um Sie zufrieden zu stellen.

S. Vergessen Sie über die Pünktlichkeit nicht, den nöthigen Fleiß auf die Arbeit zu verwenden.

B. Durchaus nicht; Sie können sich auf mich verlassen.

S. Also, nächster Tage.

B. Ergebenster Diener.

34. UNE LETTRE. — 34. EIN BRIEF.

S. Avez-vous une lettre à me remettre?

S. Haben Sie einen Brief an mich?

B. Non, Monsieur. Voulez-vous que j'aille au bureau de la poste pour attendre l'arrivée du courrier?

B. Nein. Soll ich auf das Postbüreau gehen, und die Ankunft der Briefpost abwarten?

S. Je le veux bien; vous me ferez grand plaisir.

S. Bitte, thun Sie mir diesen Gefallen.

B. Monsieur, voici votre lettre.

B. Hier ist Ihr Brief.

S. Je vous remercie. Voulez-vous avoir la bonté de me donner du papier à lettres, une plume, de l'encre, des pains à cacheter ou de la cire?

S. Ich danke Ihnen. Geben Sie mir gefälligst Postpapier (Briefpapier), eine Feder, Tinte und Oblaten oder Siegellack.

B. Voici, Monsieur, tout ce qu'il vous faut.

B. Hier ist alles, was Sie brauchen.

S. Mon correspondant m'a prié de lui écrire poste restante.

S. Mein Correspondent bittet mich, ihm poste restante zu schreiben.

— Je veux affranchir ma lettre.

— Ich will meinen Brief frankiren.

B. Où l'adressez-vous?

B. Wohin adressiren Sie ihn?

S. A Berlin.

S. Nach Berlin.

B. Cela coûte vingt centimes jusqu'à la frontière de France, et .. jusqu'à Berlin.

B. Das kostet zwanzig Centimes bis zur französischen Grenze und ... bis Berlin.

— Si votre lettre est recommandée, elle doit être cachetée en deux endroits.

— Wenn Sie Ihren Brief rekommandiren, so müssen Sie ihn an zwei Stellen siegeln.

— Si elle est chargée, il faut la cacheter cinq fois.

— Ist er beschwert, müssen Sie fünf Siegel aufdrücken.

S. Je veux joindre à ma lettre un

S. Ich will meinem Briefe einen Ben

bon sur la poste, de la valeur de cent francs.

B. Alors, Monsieur, vous devez aller au bureau de poste, y verser la somme que vous voulez envoyer, et en demander un reçu.

S. Pouvez-vous me donner quelques timbres-poste?

B. Volontiers, Monsieur; en voici.

S. Le facteur reviendra ce soir?

B. Oui, Monsieur.

S. A quelle heure?

B. Vers six heures.

S. Il vous remettra sans doute une lettre pour moi; ayez la bonté de me l'apporter sur-le-champ.

B. Je n'y manquerai pas.

S. Voici une lettre pour Fontainebleau; quand partira-t-elle?

B. Demain, par le courrier du matin.

S. Veuillez la jeter à la boîte le plus tôt possible. (VAGNAIR.)

35. THÉÂTRE.

Deux personnes à la queue.

S. (à son voisin.) Pourriez-vous me dire, Monsieur, si les bureaux vont bientôt ouvrir?

B. Ils doivent ouvrir, je crois, à six heures et demie : une demi-heure environ avant que la pièce ne commence.

S. Pourvu que du moins nous trouvions à nous placer quelque part!

B. On m'a dit qu'une grande partie de la salle était louée : j'es-

von hundert Franken beifügen.

B. So müssen Sie auf das Postbüreau gehen, die betreffende Summe einzahlen und ein Recepisse verlangen.

S. Können Sie mir einige Freimarken geben?

B. Sehr gern; hier sind welche.

S. Kommt der Briefträger heute Abend wieder?

B. Ja wohl.

S. Um wie viel Uhr?

B. Gegen sechs Uhr.

S. Wahrscheinlich wird er einen Brief für mich abgeben; haben Sie die Güte, ihn mir gleich zu überbringen.

B. Ich werde nicht ermangeln.

S. Da ist ein Brief nach Fontainebleau; wann geht er ab?

B. Morgen früh mit der Briefpost.

S. Werfen Sie ihn gefälligst so bald als möglich in den Briefkasten.

35. THEATER.

Zwei Personen, die Queue machen.

S. (zu seinem Nachbar.) Können Sie mir sagen, ob die Kasse bald offen sein wird?

B. Ich glaube, um halb sieben; ungefähr eine halbe Stunde vor Anfang des Stückes.

S. Wenn wir nur noch irgendwo einen Platz finden.

B. Man hat mir gesagt, daß ein großer Theil der Plätze schon belegt

père cependant qu'il nous res-
tera bien deux places, ne fût-ce
qu'au parterre.

S. Voulez-vous un programme,
une lorgnette?

B. Je connais le nom des acteurs,
et j'ai dans ma poche d'excel-
lentes jumelles.

S. Ah! Dieu merci! voilà les bureaux qui ouvrent. Quelles places prenons-nous? des loges?
des avant-scènes? des baignoi-
res? des fauteuils de galerie?

B. Prenons tout simplement deux
stalles d'orchestre.

S. Voici nos billets: changeons-
les vite au contrôle; si nous ne
sommes pas placés à notre
guise, nous pourrons au surplus
prendre des suppléments.

B. La salle n'est-elle pas un peu
sombre? Le lustre, ce me semble, n'éclaire pas assez.

S. On va tout à l'heure allumer
la rampe.

B. De qui est le drame que l'on
va jouer?

S. De deux jeunes auteurs qui
n'ont encore rien donné au théâtre: on dit beaucoup de bien
de leur pièce; elle a été très-
favorablement accueillie le jour
de la première représentation.

B. Pour moi, je n'aime pas beaucoup le drame, et j'avoue que
le mélodrame et la tragédie
m'ennuient: une bonne comé-
die, un joli vaudeville me
plaisent bien davantage. Mais
voici les musiciens: la toile ne
tardera pas à se lever: voici
les trois coups.

ist; indessen hoffe ich doch, daß wir
noch zwei finden werden, wäre es
auch nur im Parterre.

S. Wollen Sie einen Theaterzettel,
eine Lorgnette?

B. Ich kenne die Namen der Schau-
spieler, und habe einen sehr guten
Operngucker in der Tasche.

S. Gottlob! die Kasse ist jetzt offen.
Was für Plätze nehmen wir? Loge?
Proscenium? Parterre-Loge? Sitze
auf der Gallerie?

B. Nehmen wir ganz einfach zwei
Sperrsitze.

S. Hier sind unsre Billette: wechseln
wir sie gleich an der Controlle aus;
wenn wir nicht gut sitzen, so können
wir etwas nachzahlen, um bessere
Plätze zu bekommen.

B. Ist der Saal nicht ein wenig
dunkel? der Kronleuchter, scheint
mir, ist nicht hell genug.

S. Man wird gleich die Lampen am
Proscenium anzünden.

B. Von wem ist das Drama, das
aufgeführt wird?

S. Von zwei jungen Schriftstellern,
die noch nichts für's Theater geschrieben haben: man sagt sehr viel
Gutes von ihrem Stücke; es ist, bei
der ersten Vorstellung, sehr günstig
aufgenommen worden.

B. Ich für meinen Theil bin kein
Liebhaber von Dramen, und ich
gestehe, daß die Singspiele und
die Trauerspiele mich langweilen:
ein gutes Schauspiel, ein hübsches
Vaudeville gefällt mir viel besser.
Doch da kommen die Musiker: der
Vorhang wird bald aufgezogen werden: hören Sie die drei Schläge?

Entr'acte.

S. Voulez-vous venir faire un tour au foyer ?

B. Si cela vous est égal, je préfère sortir quelques instants.

S. N'oublions pas les contremarques. Êtes-vous content du premier acte? la pièce, ce me semble, marche bien : l'intrigue est habilement nouée.

B. Décidément, tout cela ne vaut pour moi ni un bel opéra, ni un joli ballet : je ne connais plus que deux théâtres, l'opéra comique et l'opéra. J'aime la richesse des décors et des costumes, j'aime cette éblouissante mise en scène, que je ne trouve nulle part ailleurs.

S. Je crois que nous ferons bien de rentrer, n'est-ce pas : l'entr'acte doit toucher à sa fin.

B. Comme il vous plaira.

(BOISSIÈRE.)

36. BALS, CONCERTS, COURSES.

R. Pourquoi n'êtes-vous pas venu hier soir au bal ?

B. Je ne le pouvais pas : j'étais obligé d'aller au concert que X... a donné pour les pauvres.

R. J'ai regretté de ne pas vous voir avec moi : c'était un bal travesti : vous vous seriez amusé.

B. Il y avait de belles toilettes, de beaux costumes, n'est-ce pas ?

R. Le bal était superbe ; les salons très-richement parés ; à deux

---

Zwischenact.

S. Wollen Sie einen Augenblick in den Conversationsfaal treten?

B. Wenn es Ihnen gleich ist, so gehen wir lieber etwas hinaus.

S. Vergessen wir nicht die Contremarken. Sind Sie mit dem ersten Act zufrieden? Das Stück, scheint mir, ist gut im Gange; der Knoten ist gut geschürzt.

B. Ein für allemal, das alles ist nichts gegen eine schöne Oper oder ein hübsches Ballet; für mich gibt es nur zwei Theater : die komische Oper und die große Oper. Ich bin ein Freund von prächtigen Decorationen und Costümen, wie von glänzenden Aufführungen, und die finde ich sonst nirgends.

S. Ich glaube, wir thun wohl, wieder hinein zu gehen; der Zwischenact muß bald aus sein.

B. Wie es Ihnen beliebt.

36. BÆLLE, CONCERTE, WETTRENNEN.

R. Warum sind Sie gestern Abend nicht auf den Ball gekommen?

B. Ich konnte nicht; ich mußte in das Concert gehen, das X. zum Besten der Armen gegeben hat.

R. Ich habe Sie recht sehr vermißt. Alles hatte sich verkleidet : Sie hätten sich gewiß gut unterhalten.

B. Also sah man viel schöne Toiletten und Costüme?

R. Der Ball war prächtig; die Säle reich verziert; um zwei Uhr in der

heures du matin, nous avons eu un magnifique souper.	Nacht hat man uns ein köstliches Souper servirt.
B. A-t-on beaucoup dansé?	B. Hat man viel getanzt?
R. Jusqu'à quatre heures.	R. Bis um vier Uhr.
B. Aviez-vous un bon orchestre?	B. War das Orchester gut?
R. Excellent. C'était S... : il a joué des morceaux tirés de son dernier album.	R. Vortrefflich. S. leitete es; er hat Stücke aus seinem letzten Al... gespielt.
B. Je le connais : il s'y trouve des valses, des mazurkas, des polkas charmantes. A-t-on beaucoup dansé le nouveau quadrille?	B. Ich kenne es; es sind wunderschöne Walzer, Masurkas und Polkas darin. Hat man die neue Quadrille oft getanzt?
R. Oui : on a dansé aussi quelques galops et quelques schottisch.	R. Ja; man hat auch Galopp und Schottisch getanzt.
B. Et la rédowa? et la varsovienne? et la sicilienne?	B. Und Redowak? und Polnisch? und Sicilianisch?
R. Très-peu : le cotillon a commencé après le souper : on s'est quitté à quatre heures à peu près. — Mais, vous me parliez d'un concert. En avez-vous été content?	R. Sehr wenig : der Cotillon ging nach dem Souper an; gegen vier Uhr ist man auseinander gegangen. — Aber Sie sprachen mir von einem Conzert. Hat es Ihnen gefallen?
B. Enchanté. J'ai entendu deux admirables ouvertures : celle du Freischutz et celle des Noces de Figaro.	B. Entzückt! Ich habe zwei herrliche Ouvertüren gehört : die zum Freischütz und die zu Figaro's Hochzeit.
R. N'a-t-on pas chanté le fameux trio de R... pour ténor, basse et baryton?	R. Hat man nicht das bekannte Trio von R. für Tenor, Baß und Baryton gesungen?
B. Oui, et on l'a parfaitement chanté.	B. Ja, und man hat es ganz vortrefflich vorgetragen.
R. Je crois avoir vu sur l'affiche un quintette pour hautbois, flûte, clarinette, basson et violoncelle.	R. Ich glaube auf dem Zettel ein Quintett für Hoboe, Flöte, Clarinette, Baß und Schello bemerkt zu haben.
B. Vous avez raison; c'est un des morceaux qui m'ont fait le plus de plaisir. On a demandé bis.	B. Ganz recht; es ist eines von den Stücken, die mir das meiste Vergnügen gemacht haben. Man hat da capo gerufen.
R. Et ensuite, qu'avez-vous entendu?	R. Und was haben Sie nachher gehört?
B. Le duo du Prophète pour con-	B. Das Duett aus dem Propheten für

tralto et soprano. On a joué
ensuite l'andante de la Pasto-
rale.

R. Par quoi a-t-on terminé?

B. Par le quatrième acte des Hu-
guenots; ce qui est bien la
plus admirable chose qui soit
au théâtre.

R. L'orchestre et les chœurs étaient
de l'Opéra, n'est-ce pas?

B. Oui. — Puisque nous n'avons
pu passer la soirée ensemble,
voulez-vous passer la journée
de demain avec moi. Je vais
aux courses.

R. Et moi de même. J'ai parié
avec C... pour la jument de
H...

B. Je ne vous ai pas vu au stea-
ple-chase de dimanche.

R. Je suis resté tout le temps
dans l'enceinte du pesage.

B. Le jockey de lord B. est tombé
en sautant la rivière.

R. Il n'y a pas eu d'autre accident?

B. Non. La première course a été
superbe. Au troisième tour, C.
est arrivé premier, mais pressé
de bien près par J. et L.

R. Le cheval de M. M. s'est dé-
robé à la seconde haie; sans
quoi il avait chance d'arriver
premier.

B. C'est bien entendu pour demain,
n'est-ce pas?

R. Oui, au revoir.   (BOISSIÈRE.)

Contra-Alt und Sopran. R[a]
hat man das Andante aus dem [P]
rale gespielt.

R. Womit endigte das Conzert?

B. Mit dem dritten Act der Hug[e]
ten, der wohl das Schönste ist,
das Theater aufzuweisen hat.

R. Das Orchester und die Chöre
hörten wohl zur großen Oper?

B. Ja. — Da wir den Abend [m]
miteinander zubringen konn[ten]
wollen Sie den morgenden Tag
mir zubringen? Ich will
Pferderennen mit ansehen.

R. Und ich auch. Ich bin mit C[.]
gen H's Stute eine Wette e[in]
gangen.

B. Ich habe Sie Sonntag nic[ht]
dem Wettrennen bemerkt.

R. Ich bin die ganze Zeit über i[n]
Nähe der Wage geblieben.

B. Lord B.'s Jockey ist gestürzt, a[ls]
über das Wasser setzen wollte.

R. Sonst hat sich kein Unfall er[eig]
net?

B. Nein: das erste Rennen war h[err]
lich. Beim dritten Kreislauf [kam]
C. zuerst an; J. und L. fol[gten]
ganz in der Nähe.

R. Das Pferd des Herrn M. ist [an]
der zweiten Hecke mit ihm durch[ge]
gangen: sonst wäre er wahrsche[in]
lich zuerst angekommen.

B. Also, wohl verstanden, auf mo[r]
gen; nicht wahr?

R. Ja, auf Wiedersehen

FIN.

TABLE DES MATIÈRES

Paris. — Typographie Lahure, rue de Fleurus, 9.